SUMÁRIO

INTRODUÇÃO, 7

I – JOGOS TRADICIONAIS INFANTIS, 13
1. Origem dos jogos, 16
2. A influência portuguesa no folclore infantil, 21
3. A influência negra nos jogos tradicionais infantis, 26
4. A imagem da criança nos tempos do engenho de açúcar, 30
5. A criança e os jogos no engenho de açúcar, 36
6. O elemento indígena nos jogos tradicionais infantis, 59
   6.1. A educação da criança indígena, 63
   6.2. Brincadeiras dos índios, 63
   6.3. A imagem da criança indígena, 72

II – O JOGO E A CRIANÇA NO INÍCIO DO SÉCULO EM SÃO PAULO, 75
1. A imagem da criança e seus jogos na pintura brasileira, 77
2. O cotidiano do início do século, 81
3. A imagem da criança pobre e da criança rica, 82

III – AS TEORIAS PEDAGÓGICAS E O JOGO, 97
1. Froebel e o jogo, 99
2. A escola nova e o jogo, 104

BIBLIOGRAFIA, 119

INTRODUÇÃO

As relações entre o jogo, a criança e a educação têm merecido uma constante atenção da autora deste livro. Especialmente dentro de perspectivas histórico-antropológicas e psicopedagógicas que são, no entender de autores como Jolibert (1981) e Guilhemaut, Myguel e Soulayrel (1984), bastante empregadas atualmente para se discutir temas dessa natureza.

Do ponto de vista histórico, a análise do jogo é feita a partir da imagem da criança presente no cotidiano de uma determinada época. O lugar que a criança ocupa num contexto social específico, a educação a que está submetida e o conjunto de relações sociais que mantém com personagens do seu mundo, tudo isto permite compreender melhor o cotidiano infantil – é nesse cotidiano que se forma a imagem da criança e do seu brincar.

Todo ser humano tem seu cotidiano marcado pela heterogeneidade e pela presença de valores hierárquicos que dão sentido às imagens culturais de cada época. Construídas por personagens que fazem parte desse contexto, tais imagens não decorrem de concepções psicológicas de natureza científica, mas muito mais de informações, valores e preconceitos oriundos da vida cotidiana.

Segundo Heller (1989, p. 16-17): "...o homem participa da vida cotidiana com todos os aspectos de sua individualidade, de sua personalidade. Nele, colocam-se em funcionamento todos os seus sentidos, todas as suas capacidades intelectuais, suas habilidades manipulativas, seus sentimentos, paixões, idéias, ideologias." Por seu caráter heterogêneo, a vida cotidiana não apresenta uma lógica, um planejamento racional. Ela é cheia de contradições e inclui a vida do homem por inteiro. São essas características que permitem a construção de diferentes tipos de imagens da criança, conforme o contexto social a que o ser humano está submetido.

Cada tempo histórico possui uma hierarquia de valores que oferece uma organicidade a essa heterogeneidade. São esses valores que orientam a elaboração de um banco de imagens culturais que se refletem nas concepções de criança e seu brincar.

Dessa forma, para se compreender como filhos de operários e meninos de classe alta brincavam no início deste século requer-se a identificação da imagem que os protagonistas da época construíram das crianças operárias e de classe alta. Em outros contextos como nos engenhos de açúcar, o significado das brincadeiras de meninos brancos, filhos de senhores da casa-grande na companhia de moleques negros da senzala depende da imagem da criança elaborada pelos adultos daquele período. São tais imagens que favorecem ou limitam o direito às brincadeiras de ruas e aos jogos que iniciam a criança na construção do conhecimento e auxiliam seu desenvolvimento.

A compreensão dos jogos dos tempos passados exige, muitas vezes, o auxílio da visão antropológica. Ela é imprescindível especialmente quando se deseja discriminar o jogo em diferentes culturas. Comportamentos considerados como lúdicos apresentam significados distintos em cada cultura. Se para a criança européia a boneca significa um brinquedo, um objeto, suporte de brincadeira, para certas populações indígenas tem o sentido de símbolo religioso.

O pesquisador interessado neste campo já dispõe de estudos de natureza histórica e antropológica como o de Fournier (1989) sobre a história dos brinquedos e dos jogos infantis, o de Opie (1984) sobre jogos de ruas, o de Jolibert (1981) sobre a infância do século XVII, os 40 trabalhos reunidos por Ariès e Margolin (1982) sobre os jogos do Renascimento, as pesquisas do Grupo Internacional sobre a História da Educação sobre a Primeira Infância, coordenados por Plaisance e Contou, da Universidade de Paris V, e muitos outros.

No Brasil, a imagem da criança brasileira começa a ser desvelada por historiadores como Del Priore (1979), que identifica as crianças do período colonial à República dos anos 30; Mott (1979) aponta a concepção de criança escrava na literatura de viagens, e Luiz, Salvador e Cunha Jr. (1979) comentam a percepção da criança negra no processo de educação familiar. Entre os estudos iconográficos destaca-se o trabalho de Jordão (1979), contendo quadros que apresentam o perfil da criança brasileira. Especialmente relacionados ao pré-escolar, trabalhos como o de Redin (1989) discorrem sobre a representação dessa idade na legislação oficial e o de Souza (1989) mostra as imagens que professores têm da criança pré-escolar. Análises filosóficas como as de Oliveira (1989) tratam do conceito de infância e historicidade. Estudos dessa natureza vêm crescendo a cada ano, demonstrando o interesse de pesquisadores por esta forma de analisar a criança e o jogo.

Dentro dessa perspectiva, o primeiro texto incluído neste volume, denominado JOGOS TRADICIONAIS INFANTIS procura caracterizar a imagem da criança dos tempos do engenho de açúcar e seu brincar. Paralelamente a autora procura discorrer sobre as raízes históricas de tais jogos, apontando não só a participação de brancos, negros e índios, bem como de longínquos povos dos primórdios da humanidade, resgatando jogos de tempos passados. Esse trabalho foi fruto de um projeto de pesquisa desenvolvido em âmbito internacional, junto à Organização Mundial de Educação Pré-Escolar, no período de 1990 a 1991. O projeto internacional visava identificar jogos típicos de diversos países, para averiguar as brincadeiras que assumem a identidade cultural de cada povo. Pretendia, também, indicar jogos universais presentes em todas as partes do mundo. O levantamento dos jogos tradicionais infantis brasileiros contou com recursos financeiros da Fundação de Amparo à Pesquisa do Estado de São Paulo e o acervo final está à disposição dos pesquisadores no Laboratório de Brinquedos e Materiais Pedagógicos da Faculdade de Educação da Universidade de São Paulo. Por ocasião da organização do acervo, notou-se a presença de inúmeras brincadeiras cuja temática reflete a exploração do negro no período da escravidão. Surge daí o interesse em analisar as origens étnicas das brincadeiras infantis bem como compreender o significado dos jogos do período da escravidão. Embora seja marcante a influência de brancos, negros e índios no folclore infantil, a dificuldade para detectar a contribuição de cada elemento étnico na constituição das brincadeiras tradicionais infantis fez a autora optar por um estudo de natureza etnográfica, centralizando sua atenção nos jogos do período do engenho de açúcar no final do século passado e início deste, em regiões densamente habitadas por escravos, como a região Nordeste e Sudeste. As brincadeiras de tribos indígenas diferenciam-se de outras culturas a partir da compreensão da posição ocupada pela criança indígena no contexto de sua tribo.

Em seguida, a autora apresenta o texto: O JOGO E A CRIANÇA NO INÍCIO DO SÉCULO EM SÃO PAULO, um trabalho discutido na 14ª. Reunião Anual da Associação Nacional de Pós-Graduação e Pesquisa em Educação, em Belo Horizonte, em 1990. Esse estudo procura averiguar como as imagens da criança construídas por empresários, religiosos, mantenedores de instituições infantis, médicos e higienistas, ou mesmo pelos próprios operários, projetam-se na estrutura e funcionamento de instituições infantis como asilos infantis, creches, escolas maternais e jardins de infância. A expansão da educação infantil carrega ideologias, valores, preconceitos que repercutem na criação de estabelecimentos de educação e de assistência à infância. Tais instituições veiculam a imagem de criança rica e pobre e moldam o comportamento infantil. Dependendo da imagem da criança nelas refletida, permitia-se o brincar ou exigia-se a moralização pelo trabalho, pela religião ou a submissão pela disciplina.

O último estudo, intitulado AS TEORIAS PEDAGÓGICAS E O JOGO, adota outra perspectiva muito divulgada para analisar as relações entre o jogo e a criança, ao privilegiar concepções de aprendizagem e de desenvolvimento. A orientação psicopedagógica requer a adoção de princípios psicológicos pelas teorias pedagógicas. Nela, estão presentes questões que discutem a função do jogo na educação: se contribui para a aquisição de conteúdos (aprendizagem) ou para o desenvolvimento infantil, se colabora para a socialização e formação da personalidade infantil, se tem uma natureza livre ou permite a orientação do professor. Aqui, o brincar aparece como elemento indispensável para educar a criança. Desde Froebel, o criador do jardim de infância, a relevância do jogo é apontada ora pela ação livre e espontânea da criança ora pela ação orientada por adultos. O jogo livre é adotado pela psicologia funcionalista de Dewey que orienta o movimento da Escola Nova, responsável pela divulgação do jogo como fator importante para a educação infantil. Nesse período estrutura-se a idéia de jogo educativo, do jogo como recurso para o ensino de conteúdos escolares.

Os três trabalhos que compõem este livro procuram estabelecer a relação entre o jogo, a criança pré-escolar e a educação. Prevalece a idéia de que o jogo é fundamental para a educação e o desenvolvimento infantil. Quer se trate do jogo tradicional infantil, reduto da livre iniciativa da criança, marcado pela transmissão oral, ou o jogo educativo, que introduz conteúdos escolares e habilidades a serem adquiridas por meio da ação lúdica. O jogo e a criança caminham juntos desde o momento em que se fixa a imagem da criança como um ser que brinca. Portadora de uma especificidade que se expressa pelo ato lúdico, a infância carrega consigo as brincadeiras que se perpetuam e se renovam a cada geração.

I

JOGOS TRADICIONAIS INFANTIS

Entre a multiplicidade de fenômenos conhecidos como jogo destaca-se a modalidade denominada jogo tradicional infantil.

Considerado como parte da cultura popular, o jogo tradicional guarda a produção espiritual de um povo em certo período histórico. Essa cultura não oficial, desenvolvida sobretudo pela oralidade, não fica cristalizada. Está sempre em transformação, incorporando criações anônimas das gerações que vão se sucedendo.

Por ser elemento folclórico, o jogo tradicional infantil assume características de anonimato, tradicionalidade, transmissão oral, conservação, mudança e universalidade.

Não se conhece a origem desses jogos. Seus criadores são anônimos. Sabe-se, apenas, que são provenientes de práticas abandonadas por adultos, de fragmentos de romances, poesias, mitos e rituais religiosos. A tradicionalidade e universalidade dos jogos assenta-se no fato de que povos distintos e antigos como os da Grécia e Oriente brincaram de amarelinha, de empinar papagaios, jogar pedrinhas, e até hoje as crianças o fazem quase da mesma forma. Esses jogos foram transmitidos de geração em geração através de conhecimentos empíricos e permanecem na memória infantil. Muitos jogos preservam sua estrutura inicial, outros modificam-se, recebendo novos conteúdos. A força de tais jogos explica-se pelo poder da expressão oral. Enquanto manifestação espontânea da cultura popular, os jogos tradicionais têm a função de perpetuar a cultura infantil e desenvolver formas de convivência social.

O jogo tradicional infantil é um tipo de jogo livre, espontâneo, no qual a criança brinca pelo prazer de o fazer. Por pertencer à categoria de experiências transmitidas espontaneamente conforme motivações internas da criança, ele tem um fim em si mesmo e preenche a dinâmica da vida social, permitindo alterações e criações de novos jogos. É esse tipo de jogo que será objeto de estudo neste capítulo.

1. ORIGEM DOS JOGOS

Compreender a origem e o significado dos jogos tradicionais infantis requer a investigação das raízes folclóricas responsáveis pelo seu surgimento.

Diversos estudos clássicos destacam a determinação das origens brasileiras na mistura de três raças ou na assimilação progressiva, nos primeiros séculos, das raças vermelha e negra pela raça branca, na figura dos primeiros portugueses colonizadores.

A influência portuguesa está nas raízes da história da colonização brasileira, quando, em 1500, com Vasco da Gama, Pedro Álvares Cabral e Fernando de Magalhães tornou-se possível a descoberta e a exploração econômica do país, onde a madeira "pau-brasil", abundante, lhe dera o nome.

Segundo Freyre (1963, p. 69), quando em 1532 organizou-se a sociedade brasileira, os portugueses já tinham, pelo menos, um século de experiência de convívio com os trópicos, na Índia e África, facilitando sua adaptação na nova terra. A colonização portuguesa se instalava em São Vicente e Pernambuco, ancorada pela família patriarcal, apoiada no trabalho escravo, na união dos portugueses com a mulher índia, formando-se aqui uma sociedade agrária, de estrutura escravocrata, de exploração econômica, híbrida do índio e, mais tarde, do negro.

É ainda Freyre (1963, p. 70) que nos fala da singular predisposição do português para a colonização híbrida. Considera a miscibilidade do povo colonizador como fator responsável pela rápida multiplicação dos filhos mestiços que se espalharam pela vasta extensão territorial do Brasil. Parece que a miscigenação, mais que a mobilidade do povo, foi o processo pelo qual os portugueses compensaram a deficiência da inexpressiva população em relação ao tamanho do país.

A experiência anterior dos portugueses na Península, seus contatos sociais e sexuais com os maometanos deixaram idealizada a figura da *Moura-Encantada*, um tipo de mulher morena de olhos pretos, que penteava os cabelos e banhava-se nos rios. "Essa personagem passou a ser encarnada no Brasil pelas índias nuas, amantes de rios, dotadas de cabelos longos, pretos e penteados. A fácil miscigenação dos lusos aliada à docilidade das índias permitiu a expansão de mestiços entre brancos e índios, elementos importantes no desbravamento dos sertões. A falta de recursos humanos para o cultivo das terras e tarefas domésticas fez os portugueses utilizarem os índios, acostumados ao nomadismo naquelas atividades e, manifestada a inadaptação dos mesmos, logo introduziu-se a prática do uso de negros escravos nos serviços de campo, engenhos, serviços domésticos e outros.

A mistura do índio e negro ao branco fez prevalecer como núcleo primitivo para a formação da nacionalidade brasileira o elemento branco. Assim, quando chegaram as levas de imigrantes estrangeiros, já existia um núcleo primitivo de população no qual predominava o elemento branco.

As bandeiras e entradas, constituídas em sua maioria de mestiços de brancos e índios, permitiram a rápida miscigenação da população primitiva. Desta forma, quando já no século XIX, pouco antes da abolição da escravatura, começou-se a intensificar o movimento de imigração de origem mediterrânea e germânica (portugueses, italianos, espanhóis, alemães e outros), para substituir a mão-de-obra escrava, doravante proibida, já estava constituído o núcleo nacional, bastante sólido para a assimilação da nova leva de imigrantes com as de 1888 a 1897 e as de 1906 a 1914, e que se repetiram, mais tarde, no decênio de 1920 a 1930.

Foi graças a esse cruzamento, estimulado pela ausência de preconceitos raciais, que no Brasil se misturaram as raças brancas, ameríndias e africanas na formação do povo brasileiro. Posteriormente, continuou o cruzamento com povos europeus e asiáticos, produzindo a grande heterogeneidade da composição populacional de hoje em dia.

Com a mistura das populações veio também seu folclore. Ao longo do processo de miscigenação, o folclore brasileiro recebeu nova cor, tomou novos aspectos. Mas o que havia de português permaneceu e perdurou. Dizia o professor Cyro dos Santos, regente da cadeira de Estudos Brasileiros, em 1954/1955, na Faculdade de Letras da Universidade de Lisboa:

É impossível definir com precisão o que há de especificamente português na cultura brasileira. Como isolar o radical luso, no complexo de valores de ordem material e espiritual que constituem patrimônio comum do Ocidente? Que determinado comportamento social corresponde aquilo a que chamamos cultura luso-brasileira? (Bittencourt, 1960, p. 401).

É uma questão complicada, pois o português recebeu, por seu lado, grande influência européia, africana e peninsular, antes de aportar ao Brasil.

Veio com os primeiros colonizadores o folclore lusitano, incluindo os contos, histórias, lendas e superstições que se perpetuaram pelas vozes adocicadas das negras, e também os jogos, festas, técnicas e valores.

O folclore português é, segundo Bittencourt (1960, p. 401), originário de tradições milenares européias: *As que não eram de origem portuguesa, as que vinham de longe, ao chegarem ao Brasil, levavam a nossa marca, para depois, com as novas gerações de luso-brasileiros, sofrerem as injunções naturais que a própria terra sugeria tão fortemente.*

Essa tradição milenar do folclore transmitido pela oralidade de personagens anônimos pode ser constatada na veiculação dos jogos tradicionais infantis como a pipa. Introduzida no Maranhão pelos portugueses no século XVI, a pipa parece ter procedência oriental. Originárias de longínquos tempos, foram usadas primitivamente pelos adultos, com fins práticos, em estratégias militares e, com o passar dos séculos, transformaram-se em brinquedos infantis. A enciclopédia chinesa "Khé-Tchi-King-Youen" (Livro IX, f. 8), relata como a tradição atribui a invenção da pipa ao célebre general chinês Hau-sin, que viveu no século 206 aC. Este General, conforme Tchin-i, entrou no centro da cidade e a conquistou, fazendo um túnel, após ter calculado, por meio de uma pipa, a distância entre o campo onde estava e o palácio Wai-Yang. Ainda conta a tradição chinesa que o uso da pipa, em estratégia militar, provém da época do imperador Wou-ti, da dinastia dos Liang, no ano 459 J.C., quando ela servia para comunicar aos aliados a posição e o pedido de ajuda (D'Allemagne, p. 12 e 13).

Outro renomado especialista em jogos tradicionais, Yrjo Hirn, em seu magnífico livro "Les Jeux d'Enfants" (apud Lima, s.d. p. 278), diz que até prova em contrário o Extremo Oriente é e continua a ser a pátria clássica dos papagaios de papel, pois conhecem-se papagaios nas Índias Orientais, Aunam, Tomkim, Ilhas Malásias, Nova Zelândia, Japão, China e Coréia. Segundo outras informações, também podem ser vistas no Sião, na Melanésia e na Polinésia. O autor comenta que, na Coréia, há quatrocentos anos atrás, as lendas coreanas falam do episódio no qual o capitão, para dar ânimo aos soldados durante a guerra com o Japão, fez erguer no espaço um papagaio, dotado de uma lanterna, dando a impressão de uma estrela que surgia.

Por aqui se vê que os papagaios de papel são antiqüíssimos no Oriente e usados primitivamente, pelos adultos, com fins práticos e, com o passar dos séculos, transformaram-se em brinquedos infantis. Ainda hoje, na Ásia, ao contrário da Europa, os homens de meia idade divertem-se com papagaios de papel como se verifica na Coréia, China e Japão.

A origem provavelmente oriental da pipa é também ressaltada por Câmara Cascudo, no Dicionário do Folclore Brasileiro (1988, p. 577):

Os portugueses trouxeram o papagaio do Oriente, Japão e China, onde é popular, em todas as classes sociais, desde remotíssimo tempo.

Por intermédio português, como creio, ou peninsular, divulgou-*se o papagaio de papel pela Europa e América.*

Esse jogo, conhecido entre portugueses como estrela, raia, arraia, papagaio, bacalhau, gaivotão, e no, Brasil, como papagaio, curica, pipa, cafifa, pandorga, arraia, quadrado e raia, demonstra a influência original de Portugal com denominações semelhantes: papagaio, arraia e raia.

Assim como houve influência do Oriente na Europa, a marca oriental está presente na África. Segundo Cascudo, a literatura africana, quase totalmente oral, revela influências culturais da Ásia e da Europa. Froebenius registra vários contos tradicionais africanos visivelmente árabes, como a "Queda de Kach", "As lâmpadas da Vida de Teriel", e outros. Ainda há que se considerar a presença de portugueses, italianos e outras etnias vivendo, há séculos, no Continente Africano.

A universalidade de temas e valores presentes em diversas populações distantes traz algumas hipóteses acerca da origem comum do folclore em diversos países. São elas:

1 – As histórias se originam na humanidade primitiva e todas as raças conservam-nas através de suas migrações;

2 – há em tempos passados um contato direto entre as diversas raças humanas, graças ao qual os contos são transmitidos de uma tribo a outra; e

3 – há uma tal semelhança entre a mentalidade de diversas raças durante a fase primitiva de seu desenvolvimento, que elas podem ter inventado ao mesmo tempo as estórias, independentemente umas das outras.

Em síntese, essas três hipóteses tentam explicar a semelhança dos contos e jogos em diversos países, a da imigração em tempos remotos, a origem das estórias na humanidade primitiva e a criação independente das mesmas por diversos povos.

Este livro não pretende analisar nenhuma dessas hipóteses nem fazer um estudo do percurso histórico dos jogos tradicionais presentes no Brasil, rastreando suas origens, como no exemplo citado da pipa ou ainda, tentar localizar em todos os jogos suas raízes étnicas, a partir do primeiro núcleo que compôs a nacionalidade brasileira.

Em virtude da ampla miscigenação étnica a partir do primeiro grupo de colonização, fica difícil precisar a contribuição específica de brancos, negros e índios nos jogos tradicionais infantis atuais do Brasil. Mas é possível, em alguns casos, efetuar um estudo, especialmente em contextos onde o predomínio dessas etnias é muito grande, como nos engenhos de açúcar ou nas tribos indígenas espalhadas pelo país, no fim do século passado e começo deste. O interesse da autora centraliza-se na tarefa de resgatar alguns jogos presentes na tradição infantil do engenho de açúcar e nas tribos indígenas a partir do cotidiano vivido por elas, procurando detectar a representação de infância presente nesses agrupamentos humanos e o papel desempenhado pelos jogos infantis.

2. A INFLUÊNCIA PORTUGUESA NO FOLCLORE INFANTIL

É bastante conhecida a influência portuguesa através de versos, adivinhas e parlendas. Cascudo (1984, p. 169) refere-se à tradição portuguesa trazida pelos primeiros colonizadores: o Lobisomem, a Moura-Encantada, as Três Cidras do Amor, a Maria Sabida, doce na morte e agra na vida, as andanças de Malazarte Fura-Vida, todo o acervo de estórias de bruxas, fadas, assombrações, homem de sete dentaduras, gigantes, príncipes, castelos, tesouro enterrado, sonho de aviso, oração forte, medo de escuro, entre outras. Sílvio Romero, na obra *Introdução dos Contos Populares do Brasil* (apud Freyre, 1963, p. 405), também comenta:

Incontestavelmente o português é o agente mais robusto de nossa vida espiritual. Devemos-lhe as crenças, religião, as instituições civis e políticas, a língua e o contato com a civilização européia. Na poesia popular sua superioridade, como contribuinte, é, portanto, incontestável. Pertencem-lhe, entre nós, todos os romances cavalheirescos como: D. Infante, Noiva Roubada, Bernal Francês, D. Duarte e Donzinha, D. Maria e D. Arico, e outros, que se encontram em nossos Contos Populares e que têm seus correspondentes em coleções européias.

Para exemplificar a presença desses personagens, Câmara Cascudo fala-nos da mula-sem-cabeça e da cuca ou papão, folguedos da península ibérica, trazidos pelos portugueses e espanhóis ao Brasil. Conforme registros de Amadeu Amaral:

Vai-te, papão,
Vai-te embora
De cima desse telhado,
Deixa dormir o menino
Um soninho descansado

Lindolfo Gomes, outro mestre, registra a versão mineira:

Vai-te, cuca, sai daqui
Para cima do telhado,
Deixa dormir o menino
O seu sono sossegado

As lendas das cucas, bichos-papões e bruxas, divulgadas pelas avós portuguesas aos netinhos e pelas negras, amas de sinhozinhos, acompanham a infância brasileira e penetram em seus jogos. Em Vitória, Espírito Santo, Renato José Costa (1950) identifica o personagem papão, em jogo de bolinha de gude. O *jogo do papão* consiste em fazer três buracos no chão, formando um triângulo de uns três metros de lado. O jogador que conseguir dar as três voltas será o papão, dispondo de poderes para matar seus adversários e tendo a vantagem de possuir ainda todas as imunidades. O folclore do papão transfere-se para um jogo tradicional, o *jogo de bolinhas de gude,* criando uma variante que recebe a denominação da figura temida, do poderoso papão, comedor de criancinhas, capaz de matar todos apenas com um toque.

É muito provável, também, que as estórias de bruxas tenham estimulado a criação do personagem *bruxa* para ser o pegador, em brincadeiras de pique. Garcia e Marques (1989, p. 44) descrevem, na obra *Jogos e Passeios Infantis,* o jogo colhido entre 1979/1988, brincado por crianças entre 5 e 10 anos em praças, calçadas, pátios e parques de Porto Alegre (Rio Grande do Sul) e que consiste em um dos participantes ser escolhido para ser *bruxa.* Este só inicia a perseguição após haver contado até vinte ou trinta, conforme a regra estipulada. Quando a *bruxa* toca com a mão em alguém, deverá dizer: *bruxa!* Este será seu substituto porque seu toque mágico o transforma em bruxa.

Desde primórdios da colonização, a criança brasileira vem sendo ninada com cantigas de origem portuguesa. Rodrigues (1976, p. 269) cita a cantiga *Rodriguinho,* que acompanha a brincadeira feita com crianças pequenas. Com a mão aberta, faz-se um movimento de torção para um lado e para outro, acompanhando o ritmo da quadra inicial. Depois, sempre dentro do ritmo, bate-se com a mão no alto da cabeça, e, geralmente a criança imita os gestos e acha graça. A autora colhe esta brincadeira nas regiões do Amapá, Pernambuco e Rio de Janeiro, em 1985, acompanhada dos seguintes versinhos:

Rodriguinho,
Rodriguinho,
Como ele vem,
Todo requebradinho
Rodriguinho
Namoradinho,
Como ele vem,
Todo requebradinho
Dá! Dá! Dá!
Na cabecinha,
Da menina

Ainda entre os jogos de bater palmas existe a brincadeira acompanhada com os versos:

Fiorito que bate,
bate;
Fiorito que já bateu;
quem gosta de mim é
ela,
Quem gosta dela sou
eu.

Essa versão é encontrada por Alexina de Magalhães (1909, p. 143) e descrita na obra *Os Nossos Brinquedos.* A autora comenta que *Fiorito* aparece em álbuns de anúncios portugueses do início do século. Consta, também, que nas classes primárias dos colégios americanos instalados no Brasil, nos primeiros tempos da República, era comum a introdução de marchas e jogos ginásticos alternados com aulas, como medida preventiva de cansaço dos alunos. Em São Paulo, predomina a versão que substitui o *Fiorito* por *pirulito* e que é cantada pela maioria das crianças pré-escolares.

Grande parte dos jogos tradicionais popularizados no mundo inteiro, como o jogo de saquinhos (ossinhos), amarelinha, bolinha de gude, jogo de botão, pião e outros, chegou ao Brasil, sem dúvida, por intermédio dos primeiros portugueses.

A respeito do jogo do pião, muitas quadras que contam o folclore do rodar pião são exatamente iguais ou quase iguais aos presentes na memória portuguesa.

Teófilo Braga (apud Cascudo, 1984, p. 59) registra a seguinte adivinhação em versos portugueses, conhecida também em todo o Nordeste onde o pião é o motivo central:

Para andar lhe pus a capa
E tirei para andar
Que ele sem capa não anda
Nem com ela pode andar
Com capa não dança
Para dançar se bota capa
Tira-se a capa para dançar

A capa é apenas o cordão que enrola o pião.

Sérgio Alexandre di Marco (1988, p. 70), do Centro de Pesquisas e Estudos Folclóricos de Olímpia, cita adivinhas sobre o pião, localizadas em Olímpia (São Paulo), similares às encontradas em Portugal.

1. *Estando nu, eu não danço*
me vestem para dançar
Mas me arrancam a capa
Para me verem brincar

2. *É de madeira e ferro*
Carrega tripa por fora
Quando brinca com ele
Pula, canta, até chora

3. *Ele, com capa, não anda,*
Sem capa não pode andar,
Para andar, bota-se a capa
Tira-se a capa para

andar
Variante:
Ele com capa não anda
Sem capa não pode andar,
para formar o brinquedo,
Sacode a capa pra lá

Cascudo (1984, p. 344) confirma, também, a procedência européia deste jogo.

O pião é um pequeno objeto feito de madeira, de preferência a brejaúva, tendo na ponta um prego – "ferrão" – implemento da lúdica infantil, do jogo do pião, atividade recreativa introduzida no Brasil pelo povoador branco.

Tudo indica que os portugueses divulgaram este jogo nos primeiros tempos da colonização brasileira. A existência do pião em Portugal, em tempos passados, é confirmada por Teófilo Braga, no *Cancioneiro de Resende* e nas *Ordenações Afonsinas*, que cita, entre alguns jogos de sociedade do século XV, o pião:

É o jogo do piam
favor se lhe de voar.
(apud Lima, 1966, p. 275)

A origem remota do jogo do pião, segundo d'Allemagne (s.d., p. 35), está entre os gregos e romanos. Callimaque Pittacus, que morreu em 579 aC, já falava de um pião que fazia virar com um chicote. Os romanos conheciam também este jogo, uma vez que Horácio falou dos *trochus*. Parece que entre os romanos o pião já era um jogo favorito das crianças. Ao invés de trabalhar Pérsio só queria rodar seu pião de madeira. Virgílio, no Livro III, da *Eneida*, designou o pião quando disse: *Volitans sub verbere turbo.*

A antiguidade de muitos jogos tradicionais infantis é atestada pela obra do Rei de Castille Allphonse X que, em 1283, redigiu o primeiro livro sobre os jogos na literatura européia. Nesta obra, segundo Grunfeld (1979, p. 9), o Rei descreve diversos jogos presentes até os tempos atuais, como o pião, a amarelinha, o jogo de ossinho ou saquinhos, o xadrex, tiro ao alvo, jogo de fio ou cama-de-gato, jogos de trilha, o gamão, entre outros.

Portanto, pode-se concluir que a maioria dos jogos tradicionais infantis incorporados à lúdica brasileira chegou ao país por intermédio dos portugueses, mas já carregavam uma antiga tradição européia, vinda de tempos remotos.

Posteriormente, no Brasil, receberam novas influências, aglutinando-se com outros elementos folclóricos como o do povo negro e o do índio.

Na obra *Mil Trovas Populares Brasileiras,* Carlos Goes (apud Bittencourt, 1960, p. 34) refere-se a essa mistura, nos versos:

Vamos dar a despedida
(port.)
Mandu sarará (tupi)
Como deu o passarinho
(port.)
Mandu sarará (tupi)
ou outra:
Você gosta de mim (port.)
Eu gosto de você
Si papa consentir,
O meu bem,
Eu caso com você
Alê, alê, calunga (afr.)
Mussungá, mussungá, eh!

3. A INFLUÊNCIA NEGRA NOS JOGOS TRADICIONAIS INFANTIS

Identificar o folclore de origem africana no Brasil é tarefa complexa. Nina Rodrigues, na obra *Os Africanos no Brasil* (1962, p. 183) comenta:

Não reclamava grande descortino de inteligência a previsão de que o folclore brasileiro havia de ser uma resultante dos folclores das raças colonizadoras com modificações e adições do povo que deles proveio. No entanto, é dificílimo, no produto atual, discriminar, hoje a contribuição de cada um dos fatores étnicos. A adaptação ao novo meio, já pelo conflito e congraçamento das diversas raças, já pela fusão hereditária de suas tendências no sentido e a forma primitiva dos contos populares, dando-lhes colorido local e atual.

A posição de Rodrigues adotada, em nosso trabalho, indica a dificuldade de especificar a contribuição detalhada de cada elemento étnico no folclore brasileiro, uma vez que os negros primitivos misturaram-se ao cotidiano do período colonial, nos engenhos, nas plantações, nas minas, nos trabalhos das cidades do litoral, dificultando a separação do que é específico da população africana e suas adaptações.

O Brasil é uma das nações que têm profunda influência dos negros em todos os setores da vida econômica, cultural e social. Quando verificada a inadaptação do índio para o trabalho sistemático na lavoura e nas minas, foi o cotingente negro que o substituiu.

Não se sabe exatamente quando os primeiros escravos chegaram ao Brasil, em virtude da falta de documentação. Nos primeiros engenhos de cana-de-açúcar, na Capitania de São Vicente, conforme a opinião de vários historiadores, já se empregavam negros africanos. Com o desenvolvimento da cultura de cana-de-açúcar, a Metrópole concedia a cada senhor de engenho o privilégio de possuir até 120 escravos. Supõe-se que na Bahia os primeiros negros chegaram em 1538.

Já em 1585, segundo informações do Pe. José de Anchieta, havia na Colônia, para uma população de 57.000 pessoas, 14.000 negros escravos, distribuídos pelos trabalhos agrícolas de Pernambuco, da Bahia e do Rio.

Por todos os séculos XVI, XVII e XVIII, os negros africanos entraram no Brasil para substituir o trabalho dos índios. A escravidão dos negros referendada por leis portuguesas facilitou esse empreendimento.

Quando se extinguiu a escravidão no Brasil, houve a destruição dos documentos, desencadeada por um movimento romântico que pretendia eliminar essa mancha da história do país. Os poucos documentos que restam não permitem uma reconstituição do exato número de africanos que entraram no Brasil. Muitos afirmam ter oscilado entre 4 milhões a 15 ou 18 milhões. Os mais ponderados afirmam não ter ultrapassado os 5 milhões (Ramos, 1956, p. 14 a 24).

Para determinar a influência do negro na cultura brasileira, é necessário conhecer a quantidade de negros que entraram no país e sua procedência. Não há informações precisas sobre a quantidade de negros escravizados e, em relação à procedência, Ramos (1956, p. 29 a 32) resume três culturas: Sudanesas (Iorubas, Gegês, Fanti e Ashanti); Sudanesas Islamizadas (Maussás, Tapas, Mandingas e Fulahs) e Bantus (Angola, Congo e Moçambique). Sabe-se que tais populações predominaram no Sudeste (Minas Gerais, Rio de Janeiro e São Paulo) e Nordeste (Bahia, Pernambuco, Maranhão), sendo menor em outros Estados (Ramos, p. 25/26). Essas regiões tornaram-se grandes focos de redistribuição dos negros por todo o Brasil.

Em relação aos jogos e brinquedos africanos, Câmara Cascudo, em *Superstições e Costumes* (1958, p. 50-57), afirma ser difícil detectá-los pelo desconhecimento dos brinquedos dos negros anteriores ao século XIX. Com centenas e centenas de anos de contato com o europeu, o menino africano sofreu a influência de Paris e Londres. Além do mais, há brinquedos universais presentes em qualquer cultura e situação social como as bolas, as pequenas armas para simular caçadas e pescarias, ossos imitando animais, danças de roda, criação de animais e aves, insetos amarrados e obrigados a locomover-se, corridas, lutas de corpo, saltos de altura, distância, etc., os quais parecem, segundo o autor, estar presentes desde tempos imemoriais em todos os países.

A grande questão colocada pelo folclorista é se as crianças africanas do século XVI, trazidas para o Brasil, juntamente com as mães escravizadas, tiveram ambiente para repetir as brincadeiras do continente negro, ou aceitaram e adotaram as locais, vividas por outros meninos. Essa hipótese merece alguns comentários: sabe-se que a cultura infantil é veiculada livremente pela oralidade. As crianças recém-chegadas ao Brasil provavelmente difundiram entre elas o repertório de suas brincadeiras. Jogos puramente verbais talvez tenham encontrado barreiras na linguagem, dificultando o processo de transmissão. Consta que nos primeiros tempos usava-se misturar negros de diferentes localidades e línguas para impedir rebeliões. Com o passar do tempo, muitos jogos se descaracterizaram porque negros nascidos no Brasil já sofriam as influências recíprocas da cultura africana, portuguesa e indígena. Além disso, foram poucos os viajantes que registraram o brinquedo do menino em geral e, menos ainda, o do moleque africano. Preocuparam-se todos em fixar os aspectos sociais, seu modo de vida, religiões, ângulos antropométricos, superstições, mas o jogo infantil não estava nas preocupações dos viajantes e da população em geral. Nessa época a infância ainda não despertava interesse dos estudiosos.

No entender de Cascudo (1958, p. 53), a criança africana aceitava depressa a lúdica que o ambiente lhe permitia. Servia-se do material mais próximo e brincava, talvez conservando a técnica africana ou adotando a local. Mas é na literatura oral que deixava sua marca. A mãe-preta jamais deixava de transmitir às crianças as estórias de sua terra, os contos, as lendas, os mitos, os deuses e animais encantados. Essa cultura oral evoluiu, aglutinou-se com outros elementos, mas permaneceu deixando o traço marcante do africano.

Se a mãe-preta, como diz o autor, transmitiu a seus filhos os contos, lendas e mitos da cultura africana, provavelmente tais elementos continuaram presentes na lúdica infantil.

Entre os brinquedos pesquisados por Cascudo, encontra-se a espingarda de talo de bananeira. Para confeccioná-lo, basta fazer uma série de incisões no talo da bananeira, deixando os fragmentos presos pela base. Ao levantar todos esses pedaços, seguros por uma haste, e ao passar a mão ao longo da haste, fazendo-os cair, eles soltam um ruído seco e uníssono, simulando o tiro da espinguarda. Nas brincadeiras de guerra, a espingarda de bananeira foi uma das armas preferidas de seu avô materno, nascido em 1825.

A utilização de elementos naturais para a confecção de brinquedos é prática universal de quase todos os povos antigos e, até hoje, pode ser vista na África. Chantal Lombard, na obra *Les Joeuts des Enfants Baoulés* (1978, p. 13), relata a vida de crianças africanas baolesas que não freqüentam escolas, vivem nos campos ou nas cidades, auxiliam nas tarefas domésticas, brincam de construir seus próprios brinquedos com materiais naturais e imitam atividades do mundo adulto.

Muitos jogos que constam de nosso acervo são identificados em redutos de influência negra, como nas regiões do ciclo do açúcar, a partir de obras de autores como: Gilberto Freyre que, em *Casa-Grande & Senzala*, retrata a vida do engenho; José Lins do Rêgo, que retorna à infância dos tempos de engenho, no romance *Menino de Engenho*; José Veríssimo, que na obra *A Educação Nacional* (1906), aponta a influência da escravidão nas brincadeiras da criança brasileira; Arthur Ramos que, em *O Folclore Negro no Brasil* (1954), demonstra a presença do folclore de origem africana nos contos e cantigas perpetuados pela mãe-preta junto aos rebentos dos senhores de engenho; e em Waldice Mendonça Porto, que em *Paraíba em Preto e Branco* (1976), registra a presença do negro no Nordeste brasileiro.

O antagonismo existente no engenho de açúcar entre o senhor e o escravo, o dominador e o dominado, o ponto nevrálgico apontado por todos os autores, parece manifestar-se também nos jogos infantis. A compreensão das brincadeiras de meninos de engenho junto com os moleques negros requer a análise da infância daqueles tempos.

4. A IMAGEM DA CRIANÇA NOS TEMPOS DO ENGENHO DE AÇÚCAR

A infância representada neste livro é a dos tempos das casas-grandes e senzalas, dos canaviais e engenhos de açúcar.

É a casa-grande, completada por uma senzala, que representa, no entender de Gilberto Freyre (1963, p. 10-11), todo um sistema econômico, social e político baseado na monocultura latifundiária, no trabalho escravo, no uso de transporte animal, no predomínio do catolicismo de famílias com a subordinação do padre ao dono do engenho, em hábitos de higiene do corpo rudimentares como o banho de gamela, o lava-pés. Enfim, um sistema que reúne uma grande construção para abrigar a família, seus hóspedes e agregados, rodeada de mucamas e escravos para todos os serviços domésticos e agrícolas.

Compreender a infância desses tempos requer a análise da estrutura familiar patriarcal, do sistema educacional a que está submetida a infância e do modo de vida na casa-grande. Tais elementos permitem descrever a trama de relações estabelecidas entre a criança branca, o moleque negro, as mucamas escravas, os pais e familiares.

A constituição da família brasileira, apoiada pelo regime da escravidão e autoritarismo paterno, tem origem nas práticas portuguesas, de prescrever à mulher e mãe um papel secundário e pouco significativo. Afastada do convívio da sociedade, das relações sociais em geral, sobrava-lhe apenas a companhia das escravas e filhos. Dispondo de educação doméstica, trancada no interior da casa-grande, sua única função restringia-se a tocar piano, administrar escravas, bordar e cuidar dos filhos. Nem mesmo a amamentação era feita por ela, e sim pelas escravas. A mãe brasileira anulava-se, abdicando de seu papel de orientadora, deixando a total permissibilidade vigorar entre as relações mãe-filho.

As negras mucamas, ignorantes e pouco higiênicas, muitas delas portadoras de moléstias diversas, com outro tipo de tradição de cuidados com a primeira infância, apenas colaboravam para aumentar ainda mais a mortalidade infantil no país.

Segundo Freyre (1963, p. 402), as negras tinham o terrível hábito de colocar pimenta e óleo de rícino ou outro irritante no cordão umbilical do recém-nascido, além de apertar o ventre da criança até quase sufocá-la, chegando a matar muitas delas. As práticas médicas pouco adiantadas, antes da segunda metade do século XIX, aproximavam a medicina ao curandeirismo. Freyre comenta que o patriarca da literatura médica do Brasil, do século XVIII, receitava a seus doentes *pós de caranguejos queimados dados a beber em um copo d'água de erva-cidreira* ou *trazerem debaixo do braço, no sovaco (...) pasta europimiente* como *goma arábica*. Assim, no Brasil colonial, parece que tanto médicos, como comadres e curandeiros contribuíram, em iguais proporções, para a mortalidade de crianças e mães (p. 404). Em 1845, o Barão de Lavradio, em uma série de artigos de jornal, arrola as causas da mortalidade infantil, no Rio de Janeiro, e das moléstias mais freqüentes dos seis aos sete meses de idade: o mau tratamento do cordão umbilical; vestuário impróprio; pouco cuidado no início das moléstias das escravas e das crianças de mais idade; alimentação desproporcional, insuficiente ou imprópria; desprezo pelas moléstias de primeira infância como gastroenterites, hepatites e tuberculoses. Os problemas da primeira infância eram, na verdade, sociais.

Parece que o Brasil do século XIX ainda continuava distante do fenômeno já ocorrido na Europa, da descoberta da infância. Perder um filho não parecia ser um problema tão grande. O anjo ia para o céu. O Dr. Teixeira registra ter ouvido com freqüência de pais: *é uma felicidade a morte das crianças. Elas vão para junto de Nosso Senhor* (apud Freyre, 1963, p. 407).

Os problemas de higiene e saúde refletiam-se na primeira infância. Os meninos de engenho, sofriam de prisão-de-ventre, lombrigas, e convalesciam cheios de dengos, agrados, agarrados às mucamas ou às mães.

É, ainda, por intermédio da influência das negras que as tradições portuguesas trazidas pelos primeiros colonizadores foram alteradas ou enriquecidas pela influência africana. Modificaram-se, também, as canções de berço portuguesas, que se adaptaram às condições regionais, misturando-se tanto às tradições indígenas como africanas.

Além da figura da ama negra, que dava de mamar ao menino branco, que o embalava no berço e ensinava as primeiras palavras, figuras como a do velho contador de histórias, da cozinheira, das mucamas de feitiços e a dos moleques, filhos das negras escravas, primos e parentes, faziam parte das relações sociais dos filhos de senhores de engenho.

Um hábito bastante comum nas casas-grandes era o de colocar à disposição do *sinhozinho*, um ou mais moleques (filhos de negros escravos, do mesmo sexo e idade aproximada) como companheiros de brincadeiras.

Segundo Gilberto Freyre e José Veríssimo, esses moleques, nas brincadeiras dos meninos brancos, desempenhavam a função de *leva-pancada*; uma reprodução, em escala menor, das relações de dominação no sistema de escravidão. O menino branco usava o moleque como escravo em suas brincadeiras.

Diz Freyre (1963, p. 378): *Suas funções foram as de prestadio mané-gostoso, manejados à vontade por nhonhô; apertado, maltratado e judiado como se fosse todo de pó de serra por dentro; de pó de serra e de pano como os Judas de Sábado de Aleluia, e não de carne como os meninos brancos.*

Em todas as famílias do regime patriarcal, moleques estavam à disposição dos meninos de engenho. A esse respeito, escreve José Veríssimo (1906, p. 47): *Não havia casa onde não existisse um ou mais moleques, um ou mais curumins, vítimas consagradas aos caprichos do nhonhô. Eram-lhe o cavalo, o leva-pancada, os amigos, os companheiros, os criados.*

O melhor brinquedo dos meninos de engenho era montar a cavalo, em carneiros, mas na falta destes, eles usavam os próprios moleques.

Nas brincadeiras, muitas vezes violentas, os moleques viravam bois de carro, cavalos de montaria, burros de liteiras, enfim, os meios de transportes da época.

Os meninos de engenho viviam soltos, em companhia dos moleques, montando a cavalo, nadando nos rios, nas represas, comendo frutas, matando passarinhos e fazendo todo tipo de travessuras próprias da idade, acobertadas pelos moleques. As diabruras aumentavam dos cinco aos dez anos, quando os meninos tornam-se uns verdadeiros *meninos diabos* (Freyre, 1963, p. 408). Provavelmente, as traquinagens aumentavam, quando, passada a idade de primeira infância, chegavam à idade da busca de aventura, onde um novo mundo começava a ser explorado pelo menino de engenho na companhia de moleques, conhecedores das brincadeiras mais inusitadas, no grande espaço da zona rural proporcionado pelo engenho. Na cidade, o panorama era o mesmo. Padre Lopes Gama se queixa: *Não compreendia que deixassem os meninos de família viver pelos telhados como gatos e pelas ruas empinando papagaios; jogando a pedrada e o pião com a rapaziada mais porca e brejeira* (apud Freyre, 1963, p. 411).

Essa atitude de intolerância em relação aos jogos pode ser o resultado da assimilação da tradicional moralidade de clérigos do passado que reprovavam a *imoralidade dos jogos de azar, a indecência dos jogos de salão, da comédia ou da dança e a brutalidade dos jogos esportivos* (Ariès, 1979, p. 109).

Jogos tradicionais infantis como o pião e jogos de bola, tidos na categoria de jogos de exercício, eram atribuídos a *pessoas ignorantes e grosseiras* (apud Ariès, p. 115), indignos de serem praticados pela classe dominante. É muito provável que a assimilação do pensamento ocidental no Brasil, manifestada na adoção da cultura e da educação européias, seja responsável por atitudes como a de Padre Lopes Gama.

Com a aproximação dos sete anos, o menino de engenho sofria pressões para transformar-se rapidamente em um homem. Chegava-se a idade em que o *menino-diabo* devia ceder lugar à imagem de *menino-homem*.

Compreender essa nova imagem da criança requer a análise do papel da educação no período imperial.

Durante todo o período imperial, predominava no Brasil uma educação de tipo aristocrático, destinada à preparação da elite, fortemente marcada pela tradição intelectualista do país, pelo regime patriarcal e pelo ideal correspondente de homem e de cidadão. O tipo de cultura a que se propunha é de fundo europeu. A valorização da educação aristocrática, do bacharel, do doutor, é reforçada pelas atividades públicas, administrativas e políticas valorizadas pela vida na côrte. O contraste existente entre a ausência e o refinamento da educação estabelece o grande abismo entre a massa de analfabetos e a pequena elite que busca na Europa seu modelo de formação.

Para se aproximar cada vez mais desse modelo, no interior da casa-grande, a partir dos sete anos, predominava um regime educativo que eliminava a infância das famílias patriarcais. Vestidas como adultos, obrigadas a se comportarem como tais, as crianças que atingiam a segunda infância deixavam de sê-las. Era este aspecto triste e sombrio que apresentavam meninos e meninas, todos com ares de adultos, essa precoce maturidade exterior, nos trajes e nas maneiras, que levava um viajante estrangeiro a chamar o Brasil desse tempo *um país sem crianças*. Para se assemelhar aos europeus, a família brasileira dos tempos de engenho adotou a vestimenta e os costumes vigentes na

França e Inglaterra. Situação essa que se prolongou até o século XIX.

As raízes desta imagem de menino-homem já estavam presentes na história ocidental quando a literatura moralista e pedagógica do século XVII estabeleceu que a idade dos sete anos devia ser dedicada ao estudo e ao trabalho. Ariès (1978, p. 87) emoldura este quadro no cotidiano do Delfim, Luís XIII: *As coisas mudam quando ele se aproxima de seu sétimo aniversário: abandona o traje de infância e sua educação é entregue, então, aos cuidados dos homens (...). Tenta-se, então, fazê-lo abandonar os brinquedos da primeira infância, essencialmente as brincadeiras de bonecas: Não deveis mais brincar com esses brinquedinhos, nem brincar de carreteiro: agora sois um menino grande, não sois uma criança.*

Parece que mesmo com a descoberta da infância no século XVII, o Brasil, que sempre copiava a moda européia, demorou para incorporar as inovações que já aconteciam, em relação ao vestuário e à própria idéia de infância.

A prática de se chamar, a partir da segunda infância, de *senhor pai* e *senhora mãe* aos genitores, aumentou ainda mais a distância entre o adulto e a criança. A liberdade de usar *papai* e *mamãe* era só na primeira infância. As atitudes cerimoniosas, implantadas no relacionamento pais e filhos, separavam a criança de seus pais, dificultavam o diálogo.

A idéia de uma infância dotada de natureza má levou o século passado a criar duas representações: *menino-diabo* e *menino-homem*. A diabólica natureza infantil manifestava-se, no entender do período, nas brincadeiras infantis, na brutalidade com que meninos de engenho maltratavam os moleques da bagaceira nos espaços lúdicos oferecidos pela casa-grande e na imagem do *menino-homem*, aquela criança que precisava ser disciplinada para endireitar sua natureza nascida com desvios. A rigidez disciplinar dos internatos acabava por colocar nos devidos lugares a impetuosidade do menino criado solto, sem rédeas, sem orientação no seio da casa-grande. Os amplos espaços de exploração que os meninos de engenho dispunham e a companhia dos espertos moleques negros compuseram um quadro favorável para a manifestação da curiosidade infantil e expressão lúdica. Em contrapartida, paradoxalmente, a representação de menino-homem era capaz de destruir muito cedo a expressão lúdica da criança. Dentro do contexto da escravidão e do patriarcalismo, o ideal do homem e cultura européia acarretou a diminuição do espaço de brincar. Vestidos como pequenos homens, com roupas européias, inadequadas tanto ao clima como ao tamanho e necessidade deles, obrigados a comportar-se como meninos cultos, meninos pequenos, a partir de sete anos tinham sua infância ceifada gerando a imagem de *um Brasil sem criança*.

5. A CRIANÇA E OS JOGOS NO ENGENHO DE AÇÚCAR

Nas fazendas dos senhores de engenho, a prática das famílias de entregarem os filhos para serem amamentados e criados pelas negras trouxe reflexos não só na educação das crianças como em seus jogos. Freyre (1963, p. 370) relata como esse hábito acabou por misturar os costumes portugueses e negros. Muitas tradições portuguesas, trazidas pelos colonos brancos, foram modificadas ou enriquecidas pela influência da escrava africana. Entre elas: a do cordão umbilical ser atirado ao fogo ou ao rio, sob a pena de o comerem os ratos, e assim a criança se tornar ladra; a da criança trazer ao pescoço o vintém ou chave que cura os sapinhos do leite; a de não se apagar a luz enquanto o menino não for batizado, para ele não virar feiticeiro e a bruxa ou lobisomem vir lhe chupar o sangue; a de darem nomes de santos às crianças, pois, do contrário, elas podiam virar lobisomens. Já nas canções de ninar, a ama-negra as adaptou às condições regionais, misturando as crenças dos índios às suas crenças. O riacho de *Moura-Encantada* vira riacho da *Mãe-D'Água*, e o mato fica povoado do bicho carrapato. Em vez do papão ou da coca, são as cabras-cabriolas, boitatá, negros surrões, negros velhos, papa-figos e Saci-Pererê que começam a rondar os telhados das casas-grandes para pegar meninos chorões.

Com a influência das amas-negras, a cantiga de ninar portuguesa:

Vai-te, Coca, Coca
Para cima do telhado;
Deixa dormir o menino
Um soninho
descansado.
É substituída pela:
Olha o negro
Em cima do telhado
Ele está dizendo
Quer o menino assado.

Não que a coca ou cuca tenha desaparecido das canções de acalanto no Brasil. Especialmente nas regiões do sul do país, onde a influência européia é maior, Amadeu Amaral identifica a quadrinha:

Dorme, meu benzinho,
que a cuca j'aí vem;
Papai foi na roça
Mamãe logo vem.

Na infância da autora deste livro, passada no Paraná, sul do país, até hoje predomina essa versão:

Dorme nenê
Que a cuca vem pegar
Papai foi pra roça
Mamãe já vem já.

O folclore africano, cheio de estórias de bichos, repletos de animismo, soma-se a estórias de Troncoso, príncipes, princesas, pequenos polegares, mouras-encantadas e mouras tortas, contadas pelas avós coloniais aos netinhos. O depoimento de José Lins do Rêgo (1969, p. 47-49), relembrando sua infância passada no engenho de açúcar de seu avô no começo do século, reforça essa visão. Entre os contos que assustavam as crianças de seu tempo, contava-se que na Mata do Rolo estava aparecendo lobisomem, que se alimentava com o sangue de crianças, animais e adultos. Diziam, também, que ele comia o fígado de menino e tomava banho no sangue de criança de peito. *Lá vem o papa-figo!* É assim que as crianças se assustavam. Fala-se do zumbi, do bicho carrapatu, da cabra-cabriola, do caipora que pegava os caçadores solitários, e também ouviam-se as histórias de Troncoso, com o cenário dos rios e florestas da Paraíba e Pernambuco, por onde circulavam os personagens fantásticos, nas estórias de reis e madrastas malvadas.

Na infância do menino de engenho, muitas brincadeiras de faz-de-conta destacavam temáticas do cotidiano dos tempos da escravidão, do patriarcalismo e do rude sistema de transporte. Entre elas, a mais comum era aquela em que o moleque servia como meio de transporte, estimulador simbólico para a brincadeira do menino branco. Na descrição de Gilberto Freyre (1963, p. 47): *... o melhor brinquedo dos meninos de engenho de outrora: montar a cavalo em carneiros; mas na falta de carneiros: moleques. Nas brincadeiras, muitas vezes brutas, dos filhos de senhores de engenho, os moleques serviam para tudo: eram bois de carro, eram cavalos de montaria, eram bestas de almajarras, eram burros de liteiras e cargas as mais pesadas. Mas, principalmente, cavalos de carro. Ainda hoje, nas zonas rurais menos invadidas pelo automóvel, onde velhos cabriolés de engenho rodam pelo massapê mole, entre os canaviais, os meninos brancos brincam de carro de cavalo com moleque e até molequinhas filhas de amas servindo de parelhas. Um barbante serve de rédea; um galho de goiabeira de chicote.*

O sistema de transporte da época com carros de bois, cavalos de montaria, burros de cargas e carneiros, transparecia na brincadeira do menino.

A brincadeira de montar em carneiro foi uma prática bastante difundida nos tempos de engenho, como relata José Lins do Rêgo (1969, p. 73): *Até que afinal conseguira o meu carneiro para montar. Vivia a pedi-lo ao Tio Juca, ao primo Baltasar do Beleza, a todos os parentes que tinham rebanho. Um dia chegou um carneiro para mim. Já vinha manso e mocho. Carneiro nascido para montaria. Chamava-se Jasmim.*

Entretanto, a questão mais destacada nesse tipo de brincadeira é a prática de maltratar moleques. Vários romancistas brasileiros, entre eles Machado de Assis, retrataram as condições sociais da sociedade imperial e a figura do menino sádico, da criança pervertida pelas condições sociais de opressão.

A malvadeza ou o gosto de maltratar negros parece ter sido um deleite para o menino brasileiro criado nos tempos da escravidão. Em *Memórias Póstumas de Brás Cubas*, a figura do *menino-diabo*, que aos 6 anos quebra a cabeça da escrava porque esta lhe nega uma colher de doce de coco e que transforma o moleque da casa em seu cavalo predileto, é um exemplo típico.

Prudêncio, um moleque de casa, era o meu cavalo de todos os dias; punha as mãos no chão, recebia um cordel nos queixos, à guisa de freio, eu trepava-lhe ao dorso, com uma varinha na mão, fustigava-o, dava-lhe mil voltas a um e outro lado, e ele obedecia, – algumas vezes gemendo – mas obedecia e sem dizer palavra, ou, quando muito, um "ai, nhonhô!" – ao que eu retorquia: – Cala a boca besta! (apud Freyre, 1963, p. 411).

Além dessa prática de montar a cavalo no moleque, o *jogo da peia queimada* reflete, também, a situação de dominação do branco sobre o negro, uma vez que consiste em imitar bater com chicote nas costas do negro punido.

Até hoje, entre inúmeros jogos espalhados pelo Sudeste e Nordeste, regiões que se destacaram pelo cultivo da cana e uso de negros escravos, a cultura infantil preserva a brincadeira com as denominações: chicotinho, chicotinho queimado, cinturão queimado, cipozinho queimado, quente e frio e peia quente. Freyre considera, ainda, jogos como: pião, papagaio e o belisco, típicos da violência do período do engenho de açúcar.

Práticas como *lascar o pião* e *comer o papagaio* do outro, utilizando lâmina de vidro ou caco de garrafa, parecem-lhes decorrentes do contexto escravagista.

Mesmo no jogo de pião e no brinquedo de empinar papagaio achou jeito de exprimir-se o sadismo dos meninos das casas-grandes e dos sobrados do tempo da escravidão, através das práticas, de uma aguda crueldade infantil, e ainda hoje corrente no Norte, de "lascar-se o pião" ou de "comer-se o papagaio" do outro; papagaio alheio é destruído por meio da lasca, isto é, lâmina de vidro ou caco de garrafa, oculto nas tiras de pano de rabo (Freyre, 1963, p. 408).

O significado dos jogos infantis como reflexos da opressão do sistema social, presente em inúmeros escritos, advém da imagem da infância da época. O *menino-diabo*, dotado de natureza má, absorve as práticas violentas do contexto expressando-se de forma lúdica. Esse significado usual dá sentido à prática de lascar o pião ou rebentar o papagaio do outro, como maldades decorrentes da influência do contexto social. Talvez a violência do sistema da escravidão possa ter sugerido a Freyre que se o sinhozinho maltratava o moleque, utilizando-o como cavalo em suas brincadeiras, práticas como a de lascar o pião e rebentar o papagaio do outro seriam decorrentes da mesma maldade. Todavia, tais práticas são mundiais, e independem do mecanismo de opressão vigente no engenho. Até hoje crianças do mundo todo utilizam os mesmos sistemas, considerados formas competitivas de jogar tanto o pião como o papagaio.

Outro jogo citado é o *belisco*, muito apreciado pelas crianças brasileiras dos séculos XVIII e XIX. Freyre (1963, p. 408) reproduz os versos da brincadeira considerada popular na época:

Uma, duas angolinhas
Finca o pé na
pampolinha
O rapaz que jogo faz?
Faz o jogo do capão.
O capão, semicapão,
Veja bem que vinte
são
E recolha o seu
pezinho
na conchinha de uma
mão
Que lá vai um
beliscão.

A brincadeira consiste em beliscar as pessoas envolvidas quando chega na frase "lá vai um beliscão". Os criados tinham medo de dar beliscões fortes, enquanto que os beliscões dados pelos meninos brancos eram mais dolorosos. Mas o maior sofrimento reservava-se ao último a ser alcançado pela frase. Este era agarrado por todas as crianças que batiam com ele no chão, cantando com toda força:

É de rim-fon-fon,
É de rim-fon-fon,
Pé de pilão,
Carne-seca com
feijão.

Semelhante a este, Freyre cita o *belilisco do pintinho que anda pela barra de vinte e cinco.* O jogo começa com beliscão para terminar com bolos nas mãos da criança menos esperta.

O jogo, identificado por Freyre, nos tempos do engenho, como *belilisco,* continua presente na cultura infantil brasileira com as seguintes denominações: *pinicainho* (Alagoas, 1952); *pinicadinho* (Pernambuco, antes de 1959); *machado tora* (Ceará – antes de 1966); *uma, duas angulinhas* (RJ, 1955); *puxa lagarta, varre-varre* e *belilisco* (RJ, 1955); *beliscador* (SP – antes de 1948); *pintalainha* (MG – antes de 1953 e Sergipe – 1986); *angolinha* (SP – antes de 1921) e outras como *pé-de-pilão, belilisco.*

Há inúmeras variantes do jogo de beliscar envolvendo as mãos, os pés e as orelhas.

No Ceará, o jogo se chama *machado tora* e se desenvolve da seguinte maneira; conforme descrição de J. de Figueiredo Filho (1966, p. 111):

Uma pergunta:

– O machado tora?
– Não tora.

O iniciante da brincadeira corta a coluna de mãos superpostas com um murro. Todos colocam suas mãos espalmadas sobre o chão ou em cima da mesa. O dirigente sai beliscando o dorso de cada mão, dizendo:

– Gofes, Mingofe, Bota-Fora, Tira a Mão.
Esta sai. Quem ficar de sobra, com a mão sobre o chão ficará encarregada de dizer:
– Machado Tora.

No Rio de Janeiro, Rodrigues (1984, p. 225) registra, na obra *Rodas, Brincadeiras e Costumes,* a presença deste jogo em 1955, com as seguintes quadras:

– Maria Catimbeira
Do tempo da areia,
Vivia na poeira,
Puxa lagarta
Na ponta da areia...

Aqui, além de beliscar o dorso da mão, a mão libertada vai beliscar a orelha da criança vizinha.

Em São Paulo, Afonso A. de Freitas, na obra *"Tradições e Reminiscências Paulistanas"* (1921), registra outro verso que acompanha a brincadeira.

Uma, duas angolinhas,
Finca o pé na pompolinha:
Oh! rapaz, que jogo faz?
Faz o jogo do Capão!
O Capão sobre o Capão
Lá de traz da Conceição:
Recolha seu pezinho
Que lá vai um beliscão!

Nesta versão, o beliscão recai sobre os pés da criança. Encontra-se a mesma brincadeira, agora denominada pé-de-pilão, na obra de Rodrigues (1984, p. 250). A autora apresenta outra versão para as quadras identificadas em 1955:

– Una, duna,
Tena, catena,
Catandás, pés, pés!
Martins pescadô,
Bananás são dez!
Boca seca,
Pé-de-pilão!
Carne seca,
Com feijão!
Variante:
Soca, soca
Pé-de-pilão!
Soca cangica,
Pra vovó!

Uma variante deste jogo, incluindo o beliscão nos pés, denomina-se *Uma, duas, angulinhas*, e aparece no Rio de Janeiro, segundo Rodrigues (1984, p. 289), acompanhada das seguintes quadras:

Uma, duas, angulinhas!
bota o pé na pampulinha
O rapaz que jogo fez?
Foi o jogo do papão...
Conta bem que vinte são,
Vai dizê a Mané João,
Que recolha esta perninha,
Da conchinha do mamão...

A criança em cujo pé termina a contagem retira-o, encolhendo a perna sobre a qual, geralmente, passa a sentar-se. Repete-se a contagem e, à medida que os pés vão sendo libertos, todas as pernas ficam encolhidas.

O último pé que fica é o *pé-de-pilão*, que recebe um tratamento especial.

O mesmo segura-o firmemente, beliscando a pele do dorso e bate com ele no chão, de calcanhar, simulando o pé-de-pilão, no ritmo dos versos:

– Pé-de-pilão!
Carne seca com
feijão,
e rabinho de porco,
é muito bão...

Outra forma de encerrar este jogo é esquentando os pés, ou seja, o *mestre* conta até 100 ou, então, repete a *angulinha*. Em seguida, examina os pés e todo aquele que estiver frio é *pé-de-pilão* e, como tal, deve ser tratado.

A denominação *Pintalainha*, presente em Minas Gerais e Sergipe, apresentam as versões:

Pintalainha
De cada Mindinha
Mingorra, Mingorra
Tire esta que já está forra
Gomes (1953)
Pintalainha

Sola mengola
O rei mandou dizer
Para tirar essa mão
fora!

(Secretaria Municipal de Cultura de Aracaju, 1986)

Pode-se observar nessas variantes como há aglutinações de diversos versos, provavelmente de estórias, romances e poesias e, ao mesmo tempo, a corruptela das palavras que, pela sonoridade, acabam transformando-se. A oralidade que caracteriza o processo de transmissão fez, por exemplo, *mingorra* transformar-se em *sola mengola* e *tire esta que está forra* por *para tirar essa mão fora.*

A versão encontrada por Théo Brandão, em *Brinquedos e Rodas Infantis* (Boletim Alagoano de Folclore v. 3, n. 3, 1958), registra a brincadeira semelhante à do *machado tora,* na qual a oralidade é maior.

Há, ainda, a versão de Pernambuco, denominada *lagarta pintada,* que parece ter mais adeptos que o *pinicainho da barra do 25,* e que consiste em beliscar a orelha, acompanhada das quadras:

Lagarta pintada,
Quem te pintou?
Foi a velha
cachimbeira
Que por aqui passou
No tempo de areia
Faz poeira
Puxa lagarta
Por essa 'oreia'
(Chacon, 1959, p. 115)

Informações mais detalhadas sobre o desenvolvimento de cada uma dessas variantes do jogo de beliscar bem como o local e a época em que são praticados, podem ser vistos no acervo de jogos tradicionais infantis do Laboratório de Brinquedos e Materiais Pedagógicos da Faculdade de Educação da Universidade de São Paulo.

Outra brincadeira, típica de meninos, especialmente moradores do campo e que sugere a violência infantil, é o hábito de matar passarinhos.

A esse respeito diz Rêgo (1969, p. 17):

Chamavam de arribaças as rolas sertanejas que desciam, batidas pela seca, para o litoral. Vinham em bando como uma nuvem, muito alto no alto, a espreitar um poço de água para a sede de seus dias de travessias. E, quando avistavam, faziam a aterrisagem em magote, e escurecendo a areia branca do rio. Nós ficávamos de espreita, de cacete na mão, para o massacre. E a sede das pobres rolas era tal que elas nem davam pelos nossos intuitos. Matávamos a cacetada, como se elas não tivessem asas para voar. A seca comera-lhes o instinto natural de defesa.

Depoimento semelhante aparece nas descrições de Freyre (1963, p. 411):

... Ali o menino é um perseguidor cruel das inocentes avezinhas, espionando-lhes os ninhos e não podendo com a clavina, já tem gabos de insigne escupeteiro. Desd'os tenros anos avesam-se as crenças ao sangue, à matança e à crueldade; porque tomar por divertimento o tirar a vida de animaizinhos que não ofendem, antes nos regozijam, e concorrem para louvar as obras do Criador, é em meu humilde entender formar para a barbaridade e a crueza.

O gosto por brincadeiras violentas, o beliscar, torturar, considerados *jogos ascéticos* por autores como Chateau (1987, p. 26), não parece restringir-se ao período da escravidão. Em todas as partes do mundo, crianças gostam de beliscar, morder, de puxar os cabelos e orelhas, diante de outros. Adolescentes se mortificam freqüentemente com práticas muito dolorosas, deixando cicatrizes e feridas, especialmente nas cerimônias de iniciação. Tais situações revelam a necessidade de demonstrar a força de vontade, a valentia, enfim, o sentimento de dignidade humana ou de orgulho, especialmente nos adolescentes. Porém, entre crianças de idade pré-escolar, pode-se aventar a hipótese de que o egocentrismo e a dificuldade de perceber o outro favoreçam práticas ascéticas. Não perceber a dor dos animais, do passarinho que morre ou do amigo que sofre com a violência da brincadeira, não saber se colocar na posição do outro são fatores que podem contribuir para aumentar a violência.

A violência dos jogos infantis na idade pré-escolar tem ligação com as características do desenvolvimento etário das crianças. A presença de atitudes relacionadas ao desejo de se afirmar, utilizando *meios inferiores,* como diz Chateau (1987, p. 101), justifica práticas como as de quebrar galhos de árvores e arrancar flores. Os jogos de destruição são também formas de demonstrar a habilidade do jogador. Quebrar uma vidraça ou cortar um galho do alto de uma árvore depende de gestos coordenados para o sucesso do objetivo. A satisfação de triunfar, o prazer de destruir e sobressair diante dos outros deixando sua marca pessoal são ingredientes que explicam tais condutas.

Ainda entre os jogos de faz-de-conta que destacam-se do coditidiano da época, há aquele compartilhado pela sinhazinha e a menina negra. A temática da brincadeira gira em torno de fatos que representavam o cotidiano da vida do engenho: a senhora mandando nas criadas, as bonecas fazendo o papel de filhas, as meninas negras como servas que obedecem às ordens da pequena sinhá. Assim, alimentação, vestuário, festas, doenças, tratamentos médicos, viagens, visitas a outros engenhos, tudo servia como temática para o jogo simbólico das meninas brancas, que representavam, sempre, a família branca dominando tudo. Jamais a escravinha representava o papel de dona-de-casa, tendo o poder em suas mãos. Eram sempre criadas, serviçais, rezadeiras. Como diz Cascudo (1958, p. 56), vivem *por antecipação o papel servil,* refletindo a dominação do branco sobre o negro.

O jogo simbólico auxiliava as meninas, tanto brancas como negras, a compreenderem a trama de relações de dominação da época e funcionava como mecanismo auxiliar para a incorporação dessas relações. A menina escrava, desde pequena, em seu papel de servir a senhora branca, obedecer-lhe; e a menina branca, em seu posto de mando, de administradora de negras escravas.

Manifesta-se nesse exemplo a idéia de Vygotski, do jogo de papéis desempenhado como forma de estabelecer relações acerca de acontecimentos percebidos no cotidiano. No brincar livre, meninas brancas e negras preparavam-se para compreender os diversos papéis que davam sentido à sua inserção no seio da sociedade escravocrata.

Há que se destacar que o mandonismo, reflexo do sistema servil da escravidão, nem sempre interferia nas brincadeiras de meninos brancos e moleques. Era no interior da casa-grande e nos jogos de faz-de-conta que predominava a regra de o preto obedecer ao branco. Assim, nos jogos de faz-de-conta, entre meninas, e nas brincadeiras de meninos, de andar a cavalo ou carneiro, esse princípio se estabeleceu. Entretanto, em situações livres, fora do controle das sinhás e negras, as crianças passavam a ter outro critério: era a habilidade no jogo que se determinava o poder. Essa questão já aparece nas descrições de Rêgo (1969, p. 56), que diz:

O interessante era que nós, os da Casa-Grande, andávamos atrás dos moleques. Eles nos dirigiam, mandavam mesmo em todas as nossas brincadeiras, porque sabiam nadar como peixes, andavam a cavalo de todo jeito, matavam pássaros de bodoque, tomavam banho a todas as horas e não pediam ordem para sair para onde quisessem. Tudo eles sabiam fazer melhor do que a gente; soltar papagaio, brincar de pião, jogar castanha. Só não sabiam ler. Mas isto, para nós, também não parecia grande coisa. Queríamos viver soltos, com o pé no chão e a cabeça no tempo, senhores da liberdade que os moleques gozavam a todas as horas. E eles às vezes abusavam deste poderio, da fascinação que exerciam. Pediam-nos para furtar coisas da casa-grande para eles: laranjas, sapotis, pedaços de queijo. Trocavam conosco os seus bodoques e os seus piões pelos gêneros que roubávamos da despensa.

Através deste relato, pode-se ver como se desenvolveu a liderança por meio de jogos livres que exigiam a habilidade motora. Ser hábil em jogar pião de madeira ou com castanhas transformava o jogador em líder, admirado e seguido. Os piões que dormiam nas mãos dos moleques eram trocados por frutas e alimentos roubados das despensas. No jogo de habilidade motora, as diferenças de classes sociais eram amenizadas e as relações externas de dominador e dominado, vigentes no contexto social, eram substituídas pelas regras do jogo: no interior da casa-grande, os moleques, na figura de servos, obedeciam aos meninos brancos porque a temática do jogo simbólico sempre refletiu o cotidiano, as imagens e valores nele presentes; nas situações livres, fora do controle de sinhás e negras, nos rios, na caça ao passarinho, nos jogos de piões e bodoques, eram os moleques que pareciam ter o poder. Com sua habilidade e alegria não só comandavam as brincadeiras como sugeriam novas aventuras. Quando as traquinagens eram percebidas pelas sinhás, eram os moleques que levavam a pior.

Entre as brincadeiras que surgiram no seio do sistema patriarcal e escravocrata, encontram-se diversos jogos simbólicos que têm como tema central os eventos, os valores dessa época. Brincar de *cangaceiro* e de *capa-bode* são exemplos dessa natureza.

José Lins do Rêgo (1969, p. XIX) conta como brincava no início do século, no engenho de seu avô, de *cangaceiro*, tendo como personagem de seu imaginário infantil a figura de Antônio Silvino, o cangaceiro que, durante vinte anos, imperou no Nordeste.

É preciso esclarecer que a história do cangaço no Nordeste está intimamente relacionada com a história social do patriarcalismo, de uma região dominada pelo poder do senhor de terras que oprimia a população. Em oposicão a tal poderio, surgiu o cangaceiro que, revoltando-se contra o mandonismo dos senhores proprietários, organizava tropas e fazia suas próprias leis no sertão. Armado e equipado, começava a espalhar o terror pelo Nordeste.

O primeiro cangaceiro que assombrou o Nordeste foi o *Cabeleira*, nascido em Pernambuco, nos meados do século XVIII, e que gerou a seguinte quadra popular:

Fecha a porta,
gente,
Cabeleira aí vem,
Ele não vem só,
Vem seu pai também,
Fecha a porta, gente,
Cabeleira aí vem,
Vem matando menino
E velho também

(apud Rêgo, 1969, p. LIX)

Muitos cangaceiros vieram depois e, entre eles, Antônio Silvino e Virgulino Ferreira, o Lampião. Este último encerrou o ciclo dos cangaceiros no Nordeste.

Os cantadores nordestinos mostraram, através de versos, a valentia dos cangaceiros, tidos inicialmente como vítimas da injustiça; seus pais foram mortos e a justiça não puniu os responsáveis.

Diz-se de Antônio Silvino, o *Rei do Sertão*, que, após ter se vingado da morte do pai, fora forçado pelo destino a viver no cangaço. Passou vinte anos infeliz nessa vida errante.

Para Virgulino Ferreira da Silva, o Lampião, a história é a mesma. É o que contam os versos apontados por Cascudo (1984a, p. 162):

Assim como sucedeu
ao grande Antônio Silvino,
sucedeu da mesma forma
com Lampião Virgulino
que abraçou o cangaço
forçado pelo destino...
Porque no ano de vinte
seu pai fora assassinado
da Rua da Mata Grande
duas léguas arredado...
Sendo a força da Polícia
autora deste atentado...
Lampião desde esse dia
Jurou vingar-se também,
dizendo: - for inimigo,
mato, não pergunto a quem...
Só respeito nesse mundo
Padre Ciço e mais ninguém!

A influência das histórias de cangaceiros se refletiu na imaginação fértil das crianças dos tempos do engenho e em suas brincadeiras. A imagem que elas tinham do cangaceiro, de um herói a ser imitado, transpareceu nas lembranças do menino de engenho:

O nome do cangaceiro era bastante para mudar o tom de uma conversa.

Falava-se dele baixinho, em cochicho, como se o vento pudesse levar palavras. Para os meninos, a presença de Antônio Silvino era como se fosse a de um rei das nossas histórias, que nos marcasse uma visita. Um dos nossos brinquedos mais preferidos era até o de fingirmos de bando de cangaceiros, com espadas de pau e cacetes no ombro, e o mais forte dos nossos fazendo-se de Antônio Silvino (Rêgo, 1969, p. 18).

O menino de engenho do Nordeste tinha na figura do cangaceiro um dos heróis que povoava sua imaginação e se refletia nos seus jogos. O cangaceiro era um personagem vivo, real, que compunha o contexto social da infância do engenho. Assim, quando o menino José Lins teve a oportunidade de conhecer Antônio Silvino, em uma de suas visitas de cortesia ao engenho de seu avô, qual não foi a sua decepção ao verificar que a imagem idealizada não correspondia ao real.

O Antônio Silvino não era aquela figura forte, máscula, que tinha idealizado, mas um *cara de fala bamba, meio enrolado,* desfazendo-se um pouco o perfil de herói impetuoso. Essa experiência permitiu, provavelmente, o estabelecimento de uma nova relação, a partir da qual se criou uma nova imagem de Antônio Silvino para suas brincadeiras. Quanto mais rica era a vivência da criança, mais substanciais eram seus jogos. O poder do jogo, de criar situações imaginárias, permite a criança ir além do real, o que colabora para seu desenvolvimento. No jogo, a criança é mais do que é na realidade, permitindo-lhe o aproveitamento de todo seu potencial. Nele, a criança toma iniciativa, planeja, executa, avalia. Enfim, ela aprende a tomar decisões, a introjetar seu contexto social na temática do faz-de-conta. Ela aprende e se desenvolve. O poder simbólico do jogo do faz-de-conta, abre um espaço para a apreensão de significados de seu contexto e oferece alternativas para novas conquistas no seu mundo imaginário.

Outra temática do faz-de-conta nascido nos tempos do engenho é o *capabode.* Niceas (1986, p. 60) descreve como se brincava, no Nordeste, na zona de maior prestígio da cana-de açúcar. Nos jogos simbólicos, a imaginação infantil recriava os costumes sociais da época, reproduzindo o sistema produtivo e suas relações. O capa-bode era um jogo brincado apenas por meninos brancos, filhos ou sobrinhos do senhor de engenho, que armavam um capa-bode, uma espécie de espremedor de cana-de-açúcar.

Fazia parte da brincadeira a construção do espremedor de cana, a partir de dois cilindros de madeira presos em armação que, ao serem movimentados, rodavam e espremiam o caldo de cana, permitindo que as crianças bebessem o caldo. Os meninos brincavam de imitar os pais na atividade do engenho, construindo um capa-bode com auxílio do carpinteiro. Se hoje as crianças brincam de ser médico, professor ou motorista, nos tempos do engenho a profissão predominante era a de proprietário do engenho de açúcar.

Também chamada de *engenho de pau* na zona do Cariri, a tosca armação com rolos de madeira para espremer a cana ou *garapeira* exerceu muito fascínio entre a meninada branca, como relata Rêgo (1969, p. 12), quando viu o equipamento pela primeira vez:

Minha atenção inteira foi para o mecanismo do engenho. Não reparei mais em nada. Voltei-me inteiro para a máquina, para as duas bolas giratórias do regulador. Depois comecei a ver os picadeiros atulhados de feixes de cana, o pessoal da casa das caldeiras...

Junto à ampla natureza da zona rural, com suas plantações de cana cortadas por rios, açudes e represas, predominaram, também, muitas brincadeiras dentro da água.

José Lins do Rêgo relata entre suas brincadeiras de infância a *galinha gorda*, jogo que consiste em atirar uma pedra dentro da água e ir buscá-la, acompanhado do seguinte verso:

Galinha gorda,
Gorda é ela;
vamos comê-la,
vamos a ela.

A *galinha gorda* continua presente no Nordeste, no Norte e Sudeste do país, com as seguintes denominações: *caça ao tesouro* (SP), *galinha d'água* (Rio Grande do Norte), *marreca* (Rio Grande do Norte) e *galinha gorda* (Rio Grande do Norte, Pernambuco, Minas Gerais). Segundo Rodrigues (1984, p. 223), ela continuou a ser praticada em Pernambuco em 1955, da seguinte maneira: as crianças, dentro d'água, formam roda em torno do "mestre". Este segura na mão uma pedra escolhida por seu formato ou cor, de modo a distinguir-se das outras.

O "mestre" fala e a roda responde:

– *Galinha gorda!*
– *Gorda ela é...*
– *Vamos comê-la?*
– *Vamos a ela...*
– *Qual é o melhor da*
galinha?
O fígado ou a titela?
– *A titela...*

Vale, também, destacar certos jogos cujos conteúdos foram gerados a partir de fatos, valores ou situações que se passaram nos tempos da escravidão, no antagonismo entre o branco e o negro. A exemplo de alguns jogos de pegador que parecem ter essa característica; Capitão-de-Mato, Amarra-Negra, Nego Fugido e Agostinho.

Pode-se dizer que a furiosa truculência dos senhores de engenho e dos latifúndios contra os escravos manifestava-se nos mais inimagináveis castigos, desde as surras de chibatas ao tronco, até o martírio das argolas nos pés, além da prisão do negro por intermédio de um prego ligando a orelha à madeira, estimulando fugas incessantes dos negros aos quilombos. Logo surgiu a figura do *capitão do mato* ou *capitão de campo*, caçador de negro fugitivo, que aparece no folclore da criança do Norte, Sudeste e Nordeste, redutos de negros, e se manifesta no jogo de pegador, onde a figura central é o caçador de negros.

Veríssimo de Melo (1950, p. 1) descreve *capitão-de-campo-amarra-negra* como o jogo predileto dos meninos de Vitória (ES) no início deste século. Primeiro, escolhe-se um menino para ser o fugitivo, através de qualquer forma de seleção. Este corre e some pela rua. Lá longe, fora da vista de todos, ele dá o sinal convencionado, anunciando que os companheiros já podem procurá-lo. O sinal é o grito "capitão-de-mato-amarra-negra!" Todos correm em várias direções para localizá-lo e agarrá-lo.

Basta tocá-lo para que ele seja substituído e recomece a brincadeira.

Segundo Aurélio Buarque de Holanda (Novo Dicionário da Língua Portuguesa, p. 275): *capitão de campo significa o feitor dos negros nos trabalhos agrícolas, e o capitão de mato, indivíduo que se dedicava à captura dos escravos fugitivos. Na Bahia era comum a denominação capitão de mato, e no Rio Grande do Norte, capitão de campo. Essa mesma brincadeira recebe, em Minas Gerais, a denominação de 'picolé', também de origem africana.*

Pacheco (1961, p. 93) atribui a origem da figura do capitão de campo à aguda opressão dos tempos coloniais. Geralmente de tipo possante, homem corpulento que se encarregava de caçar o escravo, mulato, julgando-se superior ao negro, por se considerar mais branco, odiava àquele como sendo de raça inferior. Seu perfil traçado por Pacheco revela a desumanidade com que age na captura dos párias da sociedade patriarcal e escravocrata.

O autor considera a figura do capitão de mato um personagem típico do Brasil dos tempos da escravidão. Com seu chapelão acabanado, feições de cabra mal-encarado, chegava ao terreiro da casa-grande do engenho à procura do Senhor e gritava: *Tem escravos pra procurar?* Em caso afirmativo, ficava sabendo de todas as características do fugitivo. Não tomava nota por ser analfabeto, guardava tudo de memória, desde prováveis defeitos físicos, estatura, astúcia, profissão, vícios, talentos artísticos, e até sinais ou cicatrizes.

Muitas vezes era o próprio senhor de engenho que fazia anunciar em editais, ou bilhetes por jornais, a procura de um capitão de mato ou de campo para oferecer serviço.

Parece que a primeira denominação capitão de mato provém dos tempos heróicos das entradas e bandeiras. Os chefes das bandeiras, os grandes sertanistas desbravando a extensa área territorial brasileira, como Jorge Velho, Bartolomeu Bueno, Paschoal Moreira Cabral, João Amaro, entre outros, receberam o título honorífico de Capitão de Mato. Com o passar dos tempos e a inexistência das bandeiras, surgiu a necessidade de batidas nas matas para recapturar os míseros escravos fugidos, e o *capitão de mato* reapareceu já com o significado amesquinhado de caçador de negros.

Os capitães de mato possuíam licença do Governo para andar armados, constituir tropas para caçar escravos.

Provavelmente histórias fantásticas em torno das façanhas dos capitães de mato impressionaram o imaginário infantil, gerando o jogo eminentemente brasileiro que se popularizou com o nome de *capitão-de-mato-amarra-negra, capitão de mato* ou ainda *capitão de campo*, uma vez que as crianças inserem como conteúdo de seus jogos valores, gestos, ações de adultos presentes em seu cotidiano. Veríssimo de Mello (1950, p. 1) chega a afirmar não haver dúvida de que, *embora seja raro em Natal, o jogo do capitão-de-campo-amarra-negra é manifestação do nosso folclore infantil de origem nitidamente nacional, sintetizando uma ignóbil instituição colonial: os caçadores de escravos, os capitães de mato ou capitão de campo.*

A temática da escravidão e fuga dos negros propiciou a criação de outra variante para a brincadeira de pegador denominada *nego fugido*, coletada por Ferrara (1962, p. 9) em *Como Brincam As Crianças Mineiras*, uma pesquisa folclórica realizada em Minas Gerais, pelo Centro Regional de Pesquisas Educacionais. É um jogo de pegador, onde o menino que representa o negro fugido esconde-se e é procurado pelos demais. Uma vez encontrado, ele corre em busca do pique ou esconde-se de novo até ser pego.

Ainda entre as brincadeiras de perseguição, geradas na esteira da escravidão, encontra-se uma, denominada *Agostinho*, colhida no Rio de Janeiro (Campos, São João da Barra), em 1955, por Rodrigues (1982, p. 149). O jogo começa com uma roda, ficando uma criança no meio e outra por fora, que são, respectivamente, "Agostinho" e o "Sinhô", que dialogam:

– Agostinho, cadê meu gado?
– Tá no campo, sinhô...
– Falta um boi maiado!
– Num falta, num sinhô...
– Olha que eu te pego,
Agostinho!

Ao dizer isso, o "Sinhô", sem interromper a conversa, tenta romper a roda que, entretanto, não lhe permite a entrada:

– *Num pega num sinhô...*

Finalmente a roda se abre, soltando as mãos. O Sinhô entra, perseguindo Agostinho que foge por outro lado.

Depois de correr um bocado, Agostinho tenta voltar à roda; se esta acha que ele merece proteção, deixa-o entrar e fecha a roda. Caso contrário, o sinhô, ao pegá-lo, dá-lhe uma "surra".

Muitos folcloristas comentam, pesarosos, o gradual esquecimento desses jogos tão queridos em tempos passados. Mas no caso de jogos como o pegador, o que houve foi uma mudança no conteúdo das representações (capitão-de-mato-amarra-negra, nego fugido, cowboy e índio ou polícia e ladrão); continua prevalecendo o jogo de antagonismo. Segundo Brougère (1989, p. 45), o brinquedo evolui ao ritmo das representações culturais que ele veicula. A dupla do negro fugido e seu caçador é uma das possíveis figuras essenciais ao jogo. É estimulante simbólico necessário a uma oposição sem conseqüência real, mas que define as regras do jogo, ou seja, o negro fugitivo, foge, se esconde, e o capitão do mato é o pegador. O antagonismo é colocado como ponto central. Não importa que seja entre o cowboy e o índio, o mocinho e o bandido ou o negro fugitivo e o caçador de negros fugidos. Não há o desaparecimento de tal brincadeira, ou melhor, há apenas a mudança da representação introjetada na brincadeira de pegador, em virtude da dinâmica colocada pelos processos históricos que alteram o panorama social e o cotidiano infantil. Os tipos de jogos envolvendo grupos ou elementos antagônicos (polícia e ladrão, negros fugidos e caçador), continuam presentes, colocando em oposição até personagens como monstros e figuras fantásticas ou futuristas, veiculados pelos seriados televisivos. Fazem parte do imaginário infantil não só as histórias de bruxas, princesas, castelos e lobisomens, mas principalmente as figuras criadas pelos desenhos animados, pelos programas de televisão e que diariamente permeiam o cotidiano infantil.

Essas brincadeiras propiciam a socialização, na medida em que permitem a apropriação da cultura infantil necessária para que cada um possa se incorporar a um determinado segmento social. A apropriação da cultura é o mecanismo pelo qual a criança seleciona elementos desta cultura, de imagens traduzindo o universo ambiental. Cada cultura, no entender de Brougère (1988, p. 26), dispõe de um *banco de imagens*, consideradas expressivas. A criança, ao brincar de negro fugido e capitão do mato, demonstra ter incorporado o processo de antagonismo existente entre a escravidão e o engenho de açúcar, que permite caçar o negro que foge. Logo, tentar embutir um significado alheio ao cotidiano das crianças em seus jogos, é obrigá-la a brincar com elementos destituídos de impregnação cultural, portanto, sem significado para o mundo infantil.

Embora seja difícil apontar a influência específica das várias etnias nas origens dos jogos tradicionais infantis, Glaucus Saraiva, em *Mostra do Folclore Infanto-Juvenil – Glossário – Catálogo em Prosa e Verso,* traz um jogo de zona rural coletado em torno de 1950, denominado "Bambá". O autor supõe que o jogo tenha sido trazido da África ou criado pelos negros, uma vez que *Etim Bambá*, em língua *Bumda Bamba*, significa *jogo, divertimento*. O jogo, cuja descrição não é muito clara, consiste em utilizar quatro metades de caroços de pêssegos (alguns usam rodelas de casca de laranjas), sabugos inteiros e cortados servem de *parelheiros*. Traçam-se na terra riscos em formas de escadas com os caroços jogados sobre os riscos. Tiram os pontos conforme estes avançam os parelheiros. O parelheiro de quem fizer mais pontos é o vencedor. É uma brincadeira recolhida no Rio Grande do Sul, região que não tem densidade populacional negra mais significativa.

Ainda no Sudeste, forte reduto de influência negra, Van der Poll (1981, p. 23) registra no Vale do Jequitinhonha (Minas Gerais), os versos cantados por canoeiros e tropeiros:

A canoa de baixo chegou
carregada de nêgo Nagô,

demonstrando que o transporte dos escravos era feito pelo rio. A cidade de Araçuaí (MG), situada no Vale, carrega sua história vinculada, primeiro aos índios, daí seu nome Araçuaí e, posteriormente, aos negros. Por ser um município pequeno, pouco influenciado pela vida moderna, conserva ainda muito a tradição dos tempos da escravidão. Em Araçuaí, a maioria dos escravos deve ter trabalhado nas fazendas, derrubando matas e lidando principalmente com plantação.

É nessa cidade que podemos ainda observar as brincadeiras relacionadas com os tradicionais autos populares como o dos Congos (ou Cucumbis, da Bahia) do início do século XVII, que nada mais são do que sobrevivência da coroação de monarcas africanos nas terras de origem.

O Auto dos Congos exprime inegavelmente uma sobrevivência histórica das antigas epopéias anglo-conguesas, onde aparecem temas relacionados a cerimônias de coroamento de antigos monarcas do Congo, lutas entre monarquias, luta contra invasores e episódios como trocas de embaixadas, oráculos de feiticeiros, etc.

Esta cerimônia de coroamento de reis negros é desvirtuada no Brasil e, em muitos Estados, o que resta do Auto dos congos é justamente essa parte da coroação dos reis.

Segundo Mário de Andrade (apud Ramos, p. 60), os reis de Congos se espalham com abundância no Maranhão, em todo o Nordeste, na Bahia, no Rio de Janeiro, em São Paulo, em Minas Gerais, em Mato Grosso e em Goiás.

É interessante ressaltar que este auto é uma sobrevivência histórica não da África, mas da própria história dos negros no Brasil. É a história do folclore que se integra com outros elementos e vai se modificando.

O autor fala até de inconsciente coletivo dos negros que, em Alagoas, por exemplo, introduziu dentro do auto a história dos quilombos dos negros de Palmares. O período de quase setenta anos de combates, nas imediações da Serra da Barriga e dos Vales do Paraíba e Mandapu, onde se situava o Quilombo dos Palmares, deixava na população lembrança de seus autos folclóricos.

A história de tais autos e das festas populares envolvendo o folclore de origem africana, não será discutida neste livro, por envolver mais festas com a participação de adultos que propriamente jogos populares infantis. Todavia, durante tais festas, em Minas, segundo Van der Poel (1981, p. 238), na hora da chegada do rei, na porta de sua casa, após a missa, o pessoal colocava dois potes com doce no meio da rua. Era um doce seco e outro mole. Não tendo colher, a meninada pegava o doce com a mão e saía lambuzando os outros. Havia também o quebra-pote, que existe até hoje. Diz-se que nos bons tempos, para enganar os meninos, prendia-se um gato ou uma casa de marimbondos no pote, pendurado num pau. Era um pote de barro, fechado e enfeitado, e um menino com os olhos tampados tinha que quebrá-lo com um macete. Os meninos corriam para cima do pote quebrado para pegar as balas, mas, às vezes, aparecia o gato, que saía doido no meio do pessoal ou, então, marimbondos, que espantavam a turma. Tal prática ainda existia, segundo José de Santo Fogueteiro, em 1978.

Manuel Querino, em *A Raça Africana* (apud Ramos, 1954, p. 238/239), comenta que escravos libertos da Bahia, os *ganhadores* ou carregadores de volumes, nas horas livres, distraíam-se a jogar o *A-i-ú*, que consiste num pedaço de tábua, com doze partes côncavas, onde colocavam e retiravam os a-i-ú-s, pequenos frutos cor de chumbo, originário da África e de forte consistência. Ficavam um longo tempo nesta distração.

Através deste exemplo, sabe-se que jogos africanos continuaram sendo utilizados pelos adultos negros, no Brasil, após o término da escravidão.

Esse jogo, que no Brasil foi denominado de *A-i-ú*, tudo leva a crer que se trata do *Wari* ou *Mancala*, um jogo de dama encontrado em várias partes do mundo. Jogo bastante antigo, praticado pelos faraós egípcios. O jogo se expandiu pela Ásia e, posteriormente, para a África, onde os árabes introduziram algumas variantes. Os escravos africanos transportaram os mancala ao Surinã e às Índias Ocidentais (Grunfeld, 1979, p. 20). É muito provável, que, junto com os escravos negros, veio a prática de jogar o *Wari*. Grunfeld traz a ilustração do jogo: uma tábua com 12 buracos côncavos, contendo pequenas nozes ou sementes de frutas.

Tentar compreender os jogos da infância do engenho de açúcar separando as brincadeiras de meninos brancos e pretos é uma tarefa um tanto complexa, uma vez que após tantos séculos de convívio do negro com o branco, há a mistura de seus valores, de suas tradições e costumes. Câmara Cascudo (1958, p. 50-57) comenta que o brinquedo do negrinho, talvez à semelhança de populações que vivem nos campos, dependem da natureza do trabalho dos pais, especialmente das mães. Se acompanham os pais ao canavial ou à roça, auxiliam suas mães arrancando ervas, plantando, juntando bagaço de cana na bagaceira para ser arrastado, quebrando milho, colhendo feijão, destacando-o, etc. Se as mães são mucamas da casa-grande, ou atuam nos serviços dos amos, nas lavagens, engomagens de roupa, na cozinha, então o negrinho passava a pajear o sinhozinho, e tornava-se companheiro de suas brincadeiras. Câmara afirma que,

> *de qualquer forma a brincadeira era a mesma de qualquer menino de campo, branco ou preto, atirar de bodoque nos lagartos e aves, trepar-se nas árvores para saquear os frutos verdes ou de vez, banhos nas represas, açudes ou rios, corridas de cavalos de paus, papagaios de papel, coleção de pedras coloridas, insetos, caixinhas, pegar camaleões ou tijuaçus, tonteando-os a pedradas* (p. 55).

Pode-se indagar se tais brincadeiras não são também a dos pequenos curumins, em suas diferentes tribos.

6. O ELEMENTO INDÍGENA NOS JOGOS TRADICIONAIS INFANTIS

O indígena trouxe inúmeras contribuições de grande valor para o folclore brasileiro. Segundo Freyre (1963, p. 154), a mulher indígena é, não só a base física da família brasileira, aquela em que se apóia, robustece e multiplica o reduzido número de povoadores europeus, mas um valioso elemento de cultura, na formação brasileira. Por seu intermédio, enriqueceu-se a vida no Brasil com uma série de alimentos que compõem ainda hoje a culinária brasileira, como o uso de drogas e remédios caseiros, tradições ligadas ao desenvolvimento da criança, utensílios de cozinha e, especialmente, processos de higiene.

Embora conste a pouca contribuição do índio no trabalho agrícola, uma vez que predominava entre eles o nomadismo, são as índias que deixaram as práticas de cultivo de mandioca, cará, milho, jerimum, amendoim e mamão. O domínio dos meios de produção de alimentos pela agricultura é um dos melhores legados da mulher indígena. Ainda hoje a mandioca é um dos produtos importantes da cozinha brasileira. A culinária nacional ficaria empobrecida se fossem eliminados os quitutes de origem indígena.

Um forte elemento folclórico de origem indígena são as danças totêmicas nas quais dançarinos imitam animais demoníacos em rituais mágicos. Os animais, presentes na cultura indígena, misturam-se em seus contos, em seus rituais e perduram na memória social da infância.

Entre algumas tribos, as mães faziam para os filhos brinquedos de barro cozido, representando figuras de animais e de gente, estas "predominantemente do sexo feminino", nota o etnólogo Erland Nordenskiold, em estudos entre tribos do norte do Brasil. O que parece, entretanto, é que essas figuras de gente e de animais não são simples brinquedos, mas elementos de religiosidade.

A esse respeito, Koch-Grünberg (1979, p. 135) afirma que meninas de tribos de Roraima não possuem bonecas com formas humanas. Quando o pesquisador oferece uma boneca de louça, as indiazinhas chamam-na de *tupama*, ou seja, "santo", e utilizam-na como instrumento de adoração, cantando canções sacras que aprendem dos missionários.

A tradição indígena das bonecas de barro não se transfere à cultura brasileira. Prevalece a boneca de pano, de origem talvez africana. Mas o gosto da criança por brinquedos de figuras de animais é ainda de traço característico da cultura brasileira, embora vá desaparecendo com a padronização das indústrias. Nas feiras do interior ainda se encontram tais brinquedos com figuras de animais: macacos, besouros, tartarugas, lagartixas (Freyre, 1963, p. 103).

A prática de utilizar aves domésticas como bonecos bem como o uso do bodoque e do alçapão para pegar passarinhos e depois criá-los são tradições que permanecem na infância brasileira

Essa característica também é comentada em 1847, por Fernão Cardim (1925, p. 155), quando se refere às brincadeiras indígenas.

Tem muitos jogos ao seu modo, que fazem com muito mais alegria que os meninos portugueses: nesses jogos arremedam pássaros, cobras e outros animais, etc., os jogos são mui graciosos e desenfadiços, nem há entre eles desavença, nem queixumes, pelejas, nem se ouvem pulhas, ou nomes ruins e desonestos.

O predomínio de brincadeiras junto à natureza, nos rios, em bandos, é outra característica do modo de brincar indígena. É ainda Cardim (apud Freyre, 1963, p. 103) que descreve:

(...) os meninos de aldeia tinham feito algumas ciladas no rio, as quais faziam a nado, arrebentando de certos passos com grita e urros, e faziam outros jogos e festas n'água a seu modo mui graciosos, umas vezes dentro da canoa, outras mergulhando por baixo, e saindo em terra todos com as mãos levantadas diziam: "Louvado seja Deus Cristo: vinham tomar a benção do padre (...)"

Del Priore (1991, p. 20), ao identificar a imagem da criança brasileira, rastreia a documentação dos primeiros tempos da catequização dos curumins pelos jesuítas e também descreve: *O lazer das crianças ficava por conta do banho de rio, deste 'nadar no rio' em tantas cartas mencionado.*

Nota-se nos folguedos de menino, descrito por Cardim, especialmente como nas danças de magia, a tendência dos selvagens de misturarem suas vidas à dos animais.

Seus diabos têm cabeça de bicho e são assim representados nas máscaras de dança. Suas cantorias imitam vozes de animais. Suas danças imitam o movimento dos animais, suas cuias e potes têm as mesmas formas e seus jogos representam os movimentos e características dos animais.

De tradição indígena ficou no brasileiro o gosto pelos jogos e brinquedos imitando animais. Diz Freyre (1963, p. 14), que o próprio jogo do bicho, tão popular no Brasil, tem suas origens neste resíduo animista e totêmico da cultura indígena, reforçado, posteriormente, pela africana.

Cascudo (1958, p. 83), ao comentar a presença do elemento indígena nas brincadeiras do menino brasileiro, afirma que em qualquer registro dos séculos XVI e XVII, sabe-se que os meninos indígenas brincavam, logo cedo, com arcos, flechas, tacapes, propulsores; enfim, o arsenal guerreiro dos pais. O divertimento natural era imitar gente grande, caçando pequenos animais, abatendo aves menores, tentando pescar. E que tais brincadeiras não eram mero passatempo como entre os meninos brancos, mas permaneciam no limiar do trabalho ou na tarefa educativa de preparo para a vida adulta.

Essa questão do brincar enquanto preparação para a vida adulta tem muito mais significado em comunidades primitivas rurais onde não há separação da criança do mundo adulto e que, ao mesmo tempo, não se insere a criança em um sistema social de divisão do trabalho. Em zonas urbanas ou industrializadas, em que prevalece não só a separação do mundo adulto e infantil, mas cuja complexidade da vida social e tecnológica fragmenta o processo produtivo, fica difícil para uma criança brincar de imitar muitas das profissões existentes. Se o curumim auxiliava sua mãe na plantação da mandioca ou na do trigo, para em seguida ver crescer, chegar a fase da colheita, e depois fazer o beiju ou o pão, essa não era a realidade da maioria das crianças que comprava o pão na padaria. Mesmo que suas mães preparassem o pão em casa com a farinha, comprada no mercado, todo o processo de fabrico de pão ficava truncado e incompreensível. Fica difícil nos tempos atuais compreender os processos produtivos, e cada vez mais a criança usa o faz-de-conta para tentar expressar os fenômenos que percebe ao seu redor.

As crianças indígenas não eram castigadas nem reprimidas. Logo, pouco lhes restava do proibido: encantos e descobertas que podiam se transformar em traquinagens infantis.

As meninas mal falavam e já fiavam o algodão, o tucum, descascavam a mandioca, o aipim, o cará, cozinhavam,ajudavam na roça, trazendo sua carguinha, levavam o barro para a mamãe oleira. Os meninos já recebiam seus arcos e flechas, as mesmas ferramentas de caça dos adultos, apenas em tamanho menor e, desde pequenos, treinavam as atividades varonis, de caça e pesca. Embora seja difícil localizar as brincadeiras indígenas pelo hábito de nossos cronistas coloniais não registrarem o brinquedo do índio por considerá-lo irrelevante, alguns etnólogos, como Herbert Baldus, Koch-Grünberg, Paul Ebrenreich, Curt Nimuendajú, entre outros, trouxeram algumas informações.

6.1. A educação da criança indígena

A compreensão das brincadeiras e a recuperação do sentido lúdico de cada povo dependem do modo de vida de cada agrupamento humano, em seu tempo e espaço. Daí emerge a imagem que se faz da criança, seus valores, seus costumes e suas brincadeiras. Assim, para se compreender como brincam os indígenas da região do Roraima o primeiro passo seria conhecer o seu cotidiano através dos estudos de Koch-Grünberg (1974).

Ele afirma que durante os dois primeiros anos, a criança fica permanentemente sob os cuidados da mãe ou avó, descansando na faixa de algodão amarrada às costas da mãe. Nesta posição ela recebe o alimento e acompanha sua mãe em todos os lugares: de manhã e à tarde é banhada no rio; durante a manhã, acompanha a mãe na plantação, e até a bailes, dormindo dentro da faixa. A vida da criança transcorre sem violência. Não há gritos nem brigas. Por isso elas são mais confiantes, corteses e serviçais. A vida em grupo estimula a cooperação e a solidariedade. Quando uma das crianças ganha um pedaço de chocolate, imediatamente divide-o com outras, mostrando a assimilação de tais valores. A tranqüilidade das crianças e a ausência de brigas são também reflexos do modo de vida dos índios, que jamais alteram a voz ou fazem recriminações.

Brincando, as crianças índias aprendem diversas atividades do cotidiano.

6.2. Brincadeiras dos índios

O pai e o avô talham um arco com flechas para crianças a partir de dois ou três anos. Com arsenal ainda inofensivo, a criança inicia seu treinamento, geralmente com galinhas e cachorros, suas vítimas. Mais tarde, as armas ficam mais aperfeiçoadas e aparecem novos instrumentos apontados para passarinhos e borboletas. Já aos dez anos, elas acompanham seus pais à caça e pesca e trazem orgulhosas seus troféus para casa, contando peripécias.

As meninas, desde muito pequenas, auxiliam suas mães. Acordam muito cedo, antes da saída do sol, e acompanham suas mães ao trabalho, à plantação, freqüentemente muito distante, para trazer legumes. Já desde o quarto ou quinto ano elas tornam-se verdadeiras auxiliares em todos os serviços domésticos, como ralar mandioca, preparar a farinha, cozer as tortas de mandioca, etc.

Não têm muito tempo livre. Cuidam também dos irmãos menores, portando as faixas nas costas ou no peito, conforme o modelo materno. Vão buscar água ou lenha e até na hora do descanso, imitam suas mães, carregando um fusozinho e fazendo suas pequenas tecelagens. A prática de parar as atividades no final da tarde para descansar e conversar com vizinhos é uma tradição adotada pelos brasileiros até há pouco tempo.

Koch-Grünberg (1976, p. 135 a 177) relata que o primeiro brinquedo do menino é o *chocalho* de casca de frutas ou unhas de veado que se amarra a uma boneca. Tão logo passa a engatinhar, brinca no chão com pedrinhas ou pedacinhos de madeira, cava a areia e às vezes põe na boca um punhado de areia e se diverte com um inseto amarrado a um fio. Como todas as crianças, os índios gostam de brincar com animais e insetos.

Pouco depois, quando já anda, ele participa, à sua maneira, da vida circundante. Koch-Grünberg relata ter visto um indiozinho de poucos anos de idade brincar de montar a cavalo em seu irmão maior. Os meninos de mais idade rodam pião. Entre os taulipáng são encontrados piões que zunem, elaborados em forma graciosa, com uma pequena *totuma* (fruto) redonda e oca, com uma abertura mais ou menos redonda de um lado. Em ângulo reto é atravessado por um palito de madeira, duro e vermelho, que é fixado com um pouco de cera negra.

Variantes de totuma como as que fazem zumbido não funcionam com cordão. No alto do Rio Negro, são giradas com as duas mãos, em área plana, produzindo um som opaco.

Outro brinquedo para meninos é uma *matraca*, confeccionada com um disco de *totuma*, com muitas concavidades na borda e uma cavidade no centro, por onde passa um fio, unido nas extremidades. O movimento de virar e esticar o fio produz um ronronar que diverte os meninos.

Entre os wapischana, Grünberg encontra um brinquedo também presente no alto do Rio Negro, no Amazonas. Trata-se de uma pequena mangueira, trançada elasticamente, como uma prensa para mandioca. Aberta por um lado, a outra extremidade desemboca em um aro trançado e a ele ligado. Quando se põe o dedo na abertura e se estica a mangueira pelo aro, esta se contrai e o dedo fica enroscado no trançado. O dedo só fica livre quando a mangueira se dilata.

Ainda para se divertir, os meninos taulipáng sopram sobre uma folha dobrada, tal como fazem os caçadores para atrair veados. Outro jogo observado entre eles é o *enigma*. Um pedaço de cana cortado de modo artístico, em três partes independentes, e que somente com muita força se pode separá-las.

Grünberg observa entre eles o *jogo do fio*, hoje conhecido também por cama-de-gato e presente até hoje no rol de jogos tradicionais infantis do Brasil. Muitas vezes as crianças recorrem aos outros para desenroscar os fios ou para tirar um dedo e passar para o outro. Os distintos desenhos que fazem têm todos denominações, lembrando objetos, animais e situações de seu cotidiano. Entre os taulipáng, o autor vê jogos de fios representando: raízes da palmeira paschiuba, entrada da casa, mandíbula de macaco e espelho. Nesta comunidade, apenas as meninas brincam com esta modalidade de jogo.

Herbert Baldus (197, p. 409) observa, também, o jogo de fio entre os tapirapé, tribo tupi, residente no Brasil central, denominado *inimá paravuy*. Consiste em formar uma multiplicidade de figuras com um fio de algodão. Os xamacóco do Chaco fazem o mesmo jogo, utilizando o polegar do pé e os dentes. Entre eles, o jogo do fio não fica restrito às crianças, mas é praticado por todos, meninos, meninas e até adultos. É interessante observar como cada comunidade tem, juntamente com os jogos, crenças que os acompanham.

O que intriga é saber que povos distantes como o da Nova Zelândia, os esquimós do Ártico, os índios da América do Norte e as tribos africanas constroem figuras idênticas. Entre os japoneses, são as meninas que brincam com o jogo do fio, mas são muitos os homens de idade, hábeis na construção de diversas figuras. Entre os esquimós, existe, também, a tradição de que as meninas brinquem com o fio porque se os meninos o fizerem, seus dedos poderão ficar embaraçados nas cordas do harpão, no momento da pesca. As meninas esquimós brincam no outono, baseadas na crença de que atrapalhando as pernas do sol, elas chegam a retardar o início dos dias obscuros do inverno. Algumas tribos esquimós deixam de brincar de fio, exceto durante o inverno; outras não oferecem nenhuma limitação de idade, de sexo nem de época para esse jogo (Grunfeld, 1979, p. 254). Baseado nessas crenças, o jogo de fio torna-se um jogo de sazonalidade, brincando-se apenas em determinadas épocas, em certas culturas.

No Brasil, nos tempos atuais, as crianças ainda brincam com o fio, mas não há preocupação em denominar as diversas figuras e são poucos os modelos por elas conhecidos.

Kissemberth (apud Baldus, 1970, p. 409) observa, em 1909, que vinte figuras foram formadas com o fio, entre os karajás, e que três das quais são peculiares aos tapirapés. Entre essas figuras estão: tamanduá-bandeira, urubu, libélula, morcego, arraia, piranha, pacu, tucunaré, socó, outro socó sentado no galho com um cipó atrás de si, madioca, pilão, rede de dormir, flecha, cabana, vigamento de casa, poça seca, lua, céu estrelado, mulher e coito. Esta última figura, de feitio móvel, é reproduzida pela mulher de Kamirahó, provocando risos do marido, crianças e dela mesma, mas de forma bastante natural, mostrando o pouco preconceito existente na comunidade com relação às atividades sexuais. Fato que permite aos índios um cruzamento rápido com os primeiros colonizadores portugueses. Os xamocóco formam figuras variadas a que dão nomes de emas, ovo de ema, carnaúba, dois homens em cima de uma palmeira, dois homens em cima de uma algarobeira, morro, rastos de onça, piranha, cama de tronco e lua nascente.

Segundo a observação de Baldus, as crianças tapirapés parecem não manifestar comportamentos criativos. Por exemplo, os meninos gostam de fazer correr uma argola de tamankurá, com auxílio de um bastão. Assim, vão de um lado para outro, sem nunca, porém, lhes ocorrer fazer uma competição ou brincar de arremessar a argola e apanhá-la no ar.

Talvez a falta de competitividade seja uma característica de populações primitivas, de vida comunitária, que precisam da cooperação para sua sobrevivência. Bruner (apud Kishimoto, 1976, p. 114) observa o mesmo comportamento entre os esquimós. Os jogos infantis de algumas populações de zona rural, também não apresentam o espírito de competição que caracteriza as crianças de zona urbana (Garcia, 1981, p. 193). Mesmo entre os adultos, não há competição, nas situações de jogo. Baldus (1970, p. 409) comenta a ausência desse comportamento nas corridas dois a dois, na festa indígena denominada *apachirá*. Apesar do esforço manifesto pelos participantes, após o término da contenda, há apenas uma troca de sorrisos, típica dos jogos de movimento.

Del Priore (1991, p. 20) observa, também a presença dessa brincadeira de rodar argolinhas entre os indígenas catequizados pela Companhia de Jesus, em 1550, no Brasil.

Brincar com aro parece ser um jogo bastante antigo. D'Allemagne (s.d., p. 6) cita a presença dos aros em atividades relacionadas às festas, acrobacias e ginásticas de adultos. Além dos aros servirem para corridas, os antigos conhecem seu emprego como acessórios de concursos de força e de habilidade. *No Banquete*, de Xénephon, é encontrada uma descrição típica desse exercício.

Eu vejo, diz Sócrates (cap II), uma criança com arcos e começa a expectativa. Logo que a flauta se põe a tocar música, a pessoa que se coloca perto da dançarina lhe passa 12 aros. Ela as toma e se põe a dançar ao mesmo tempo que joga ao ar, imprimindo um movimento de rotação e calculando a força com aquela que dança para receber em cadência...

O emprego dos aros, nos exercícios de ginástica e nos torneios de força, aparece na maioria das gravuras do século 16, representando jogos públicos.

São muito apreciados pelos indígenas jogos de grupos imitando animais. Entre os preferidos estão, segundo Koch-Grünberg (1979, p. 138-139):

1) ***Jogo de gavião*** – consiste em colocar meninos e meninas em fila grande, um atrás do outro, cada um agarrando o corpo do da frente. O menino maior representa o gavião. Este se coloca diante da fila e grita: "piu", a chamada da ave de rapina que quer dizer: "tenho fome". Logo, o primeiro dos meninos estende diante uma perna e, depois, a outra, e pergunta: "Quer isto?" Ele contesta: "Não". E assim segue com os outros, até o fim da fila. Ao último menino o gavião diz: "Sim", e, então, trata de pegar o menino correndo para a direita e esquerda, ao longo da fila. Os demais procuram impedir, voltando a fila rapidamente de um lado a outro, momento em que os menores acabam caindo ao chão no meio do alvoroço. Se o gavião não consegue nada, tem que voltar a seu posto para tentar de novo. Quando consegue, leva triunfantemente o cativo para o lugar que é seu ninho, e prossegue o jogo até que o último tenha sido pego.

2) ***Jogo do jaguar*** – forma-se a cadeia de meninos e meninas como no jogo anterior. O maior representa o jaguar. Apoiado nas mãos e uma perna, com a outra perna estirada imitando o bicho, vai saltando e grunindo de um lado a outro, diante da fila. Os meninos cantam: *kaikú si mã géle tápe-wai* ("este é um jaguar"), movendo a fila de lá para cá. De repente, o menino que representa o jaguar se levanta de golpe e trata de agarrar o último da fila. Os que são pegos passam a representar distintos animais, presas do jaguar, como o cervo, o javali, o jabuti, a capivara e outros.

O *jogo do jaguar* foi posteriormente divulgado pelo Conselho Nacional de Proteção aos Índios, em publicação denominada "Brinquedos de Nossos Índios", publicada pelo Ministério da Agricultura.

3) ***Jogo do peixe pacu*** – a princípio é como os anteriores. Um menino representa o pescador. Os que tomam parte da cadeia, ao serpentear a fila, cantam *waitá ma-ge lé ta-pe-wai* ("este é um pacu"). O pescador trata de correr ao longo da fila e tocar o último menino com um pedaço de cana ou madeira, que representa a flecha.

4) ***Jogo do jacami*** – segundo Aurélio (1975, p. 793), o jacami é a designação comum a várias aves gruniformes da família dos psofídeos, gênero Psohia Crepitans, da região amazônica, cujas penas da cabeça são curtas e retas. Das sete espécies descritas para o gênero, seis existem no Brasil e se adaptam muito bem ao cativeiro, tornando-se autênticos vigias de terreiro ou de habitações de caboclos.

Nesse jogo, as crianças de mãos dadas formam longa fila e vão cantando: *ye-matã paná po u'yo-ká la-mã! ta nã yakã i pi zulúz hm-hm-hm* ("ao lado do caminho vão correndo os jacamis assustados"). Subitamente, todos saltam o mais rápido possível e voltam atrás.

5) ***O jogo dos patos marreca "wawin"*** – como nos anteriores, forma-se uma fila grande, os mais fortes na frente vão correndo rápido para todos os lados, fazendo *"schschwsh schbschwsch"*, de modo que o extremo posterior da fila se agita e os pequenos caem com freqüência. De repente, todos param. É a simulação do momento em que os patos entram na água. Em seguida, vêm os caçadores e os meninos maiores atiram: *tac-tac-tac.* Os patos, um, dois, três, aqueles tocados com a mão estendida, morrem e são levados como presas até que não sobre nenhum. É um jogo que simula a caça aos patos.

6) ***Jogo do casamento*** – muito alegre e divertido. Frente a uma fila de meninas se encontra uma fila de meninos. A primeira menina pergunta ao primeiro menino, indicando sua vizinha: "queres casar com esta?" Ele responde: "Não, ela é feia". Assim passa por toda a fila de meninas até chegar a última. Frente a esta o menino responde: "Sim", e muda de lugar com ela. Depois se repete a cena. Há muitas cenas engraçadas e risadas.

Essa brincadeira continua presente no folclore infantil atual.

Os vários jogos envolvendo figuras de animais, sempre colocando em oposição grupos ou elementos – enfim, jogos que envolvem o pegador – incluem sempre a imitação dos gestos, dos movimentos, cantos e grunhidos dos animais ou aves.

Muito semelhante ao jogo do jaguar, há um, brincado na região central de Mato Grosso, descrito por Alexandre Moraes de Mello, em *Jogos Populares Infantis como Recurso Pedagógico de Educação Física*, publicado em 1985. Ali, ele descreve a brincadeira denominada *gavião e os pintinhos*, ou também chamada *galinha e o gavião*. O jogo consiste em escolher o gavião e a galinha através de uma forma de seleção qualquer. As demais crianças são os pintinhos. Forma-se uma coluna com um pintinho segurando o outro na altura da cintura, ficando a galinha na frente de todos.

O gavião fica solto e o seu objetivo é capturar os pintinhos, começando pela extremidade oposta à da galinha. É determinado um tempo para a captura (2 minutos, ou uma contagem até 50, por exemplo). A galinha deve proteger os pintinhos, enfrentando o gavião e fazendo com que todos os pintinhos sejam deslocados para longe dele. Depois do tempo determinado, as posições são revezadas: a galinha passa a ser o gavião, o gavião o último pintinho, e o primeiro pintinho a nova galinha.

Há, ainda, entre os jogos indígenas, segundo relato de Paul Ehrenreich (1948, p. 65), os das tribos karajá, do Rio Araguaia, na região do Estado de Goiás, região Centro Oeste do Brasil. Nessa tribo também predomina a imitação de atividades dos adultos nos jogos de arco e flecha, na pesca e nos trabalhos domésticos. Entre os brinquedos, há a produção de figuras de argila, piões, canoas, remos e vasilhames de cozinha.

Um jogo bastante apreciado, inclusive pelos adultos, é a peteca, feita com palha de milho e o miolo em forma de argola, e também, o jogo do fio.

Em relação à *peteca*, alguns especialistas apontam a origem estritamente brasileira, proveniente de tribos tupis do Brasil e que se expandem em regiões densamente populadas pelos indígenas, como Minas Gerais. Considerada a partir de 1985 como esporte oficial, genuinamente brasileiro, a peteca, antes confeccionada em palha de milho ou areia, serragem e penas de galinha, hoje aparece padronizada com rodelas de borracha sobrepostas e quatro penas brancas de peru.

A enciclopédia *Mirador Internacional* (1976, p. 1344) afirma ser a peteca uma espécie de bola achatada de couro ou palha, em que se enfiam penas, cuja origem é indígena (em tupi, "bater" é "peteca", em guarani, é "petez"). Brinquedo de inverno no Brasil, seu uso coincide com a colheita de milho e com as festas de Santo Antônio, São João e São Pedro.

Depoimentos de Manoel Tubino reafirmam essa origem, chamando a atenção para sua disseminação em Minas Gerais, a partir de 1931, em reduto antigamente habitado por indígenas (*Folha de S. Paulo*, 2-6-87).

Entretanto, Grunfeld (1979, p. 254), na obra *Jeux du Monde*, refere-se à peteca como um jogo que se lança de um para o outro com uma bola munida de penachos ou plumas, que se pratica na China, Japão, Coréia, há mais de 2000 anos.

Afirma que antigamente se usava tal jogo para treinamento militar. Pensava-se que tal tipo de jogo melhorava as habilidades físicas do soldado. Na Coréia, os mercadores ambulantes jogavam as petecas uns para os outros para se aquecerem no frio.

Uma versão menos prática do jogo é aquela em que se utilizam palhetas de madeira, as raquetes. Em certos desenhos da Grécia clássica, encontra-se um jogo muito similar ao da raquete ou peteca. Em alguns países, é um jogo tradicional para meninas; no Japão ele faz parte das celebrações do ano novo, e na Inglaterra, sob a Dinastia dos Tudor, servia para pedir graças. Sempre jogando, elas cantavam refrões como:

Peteca, peteca, digam-me a verdade
Quantos anos eu vou viver?
Um, dois, três (id, ibid).

Mais uma vez o exemplo da peteca mostra a dificuldade de localizar as origens históricas de um brinquedo.

Um outro jogo descrito por Curt Nimuendajú (1945, p. 10-11), *o Jogo do Jerimum*, observado entre os cherentes, continua presente no folclore infantil com outras versões. O jerimum cultivado pelos indígenas foi substituído pela melancia.

Uma constante que permanece nas brincadeiras é a predileção dos curumins pela imitação de pássaros e animais. Marcelino de Castelvi (1942, p. 181), ao comentar a vida das crianças indígenas das regiões da América Central e do Amazonas, refere-se aos tikunas:

Os pequenos tikunas têm sua maior diversão como por outra parte todos os de suas tribos apresentam-se disfarçados em tigres, antas, cavalos, patos... produzindo quando estão embriagados berros sinistros e estridentes, procurando imitar os animais.

6.3. A imagem da criança indígena

Entretanto é preciso fazer alguns reparos. O sentido do jogo como conduta típica de crianças não se aplica ao cotidiano de tribos indígenas.

Atirar com arco e flecha não é uma brincadeira, é um treino para caça. Imitar animais são comportamentos místicos tanto de adultos como de crianças, reflexos de símbolos totêmicos antigos.

Misturados com os adultos, participando de tudo na tribo, pequenos curumins não se distinguem por comportamentos particulares como o brincar.

Adultos e crianças dançam, cantam, imitam animais, cultivam suas atividades e trabalham para sua subsistência. Mesmo os comportamentos descritos como jogos infantis não passam de formas de conduta de toda tribo. As brincadeiras não pertencem ao reduto infantil. Os adultos também brincam de peteca, de jogo de fio e imitam animais. Não se pode falar em jogos típicos de crianças indígenas. Existem jogos dos indígenas e o significado de jogo é distinto de outras culturas nas quais a criança destaca-se do mundo adulto.

Ainda hoje, segundo entrevistas com elementos das tribos cherente, em 03-08-90, continuam presentes as tradicionais brincadeiras indígenas, de imitar bichos, caçar passarinhos, fazer brinquedo, modelar bichinhos de barro, brincar de esconde-esconde, de bola feita de cera e diversos tipos de corridas com toras, com pneus e *até de roda*, mostrando a permanência e incorporação de novos elementos.

Muitas brincadeiras de imitação de animais e aves, como o vôo das borboletas, a ema, o pulo do sapo, além de jogos de pegador personalizados por animais como lobos, carneirinhos, veadinhos, entre outros, continuam participando da cultura infantil de crianças de todo o Brasil...

II

O JOGO E A CRIANÇA NO INÍCIO DO SÉCULO EM SÃO PAULO

1. A IMAGEM DA CRIANÇA E SEUS JOGOS NA PINTURA BRASILEIRA

Assim como Ariès (1978) identifica o brincar como uma especificidade da infância na iconografia de tempos passados, renomados pintores radicados no Brasil mostraram a imagem da criança brasileira em suas telas. Na obra ilustrada, de Jordão (1979), denominada *A Imagem da Criança na Pintura Brasileira*, destaca-se o brincar como típico da criança em 30% dos quadros selecionados. Entre eles, o de Rodolfo Amoedo (1857-1941), do século XIX, "Menino Tocando Tambor", mostra um cromatismo que evoca a expressividade das pinturas de Van Gogh, e emoldura o prazer demonstrado pela criança na ação de tocar tambor, típico de crianças do século passado.

Outra obra, a de Antônio Parreiras (1860-1937), "Menino com a Arapuca", de 1901, identifica uma brincadeira tradicional de crianças da zona rural, de pegar passarinho. Minúcias do processo tradicional de construção da arapuca transmitida por gerações estão aí fixadas. Herança indígena? Ou negra? Não se sabe.

O quadro de João Batista da Costa (1865-1926), sem data, denominado "No Jardim em Petrópolis", capta o encanto bucólico do jardim da casa de família, com muitas flores, canteiros de folhagens, a porteira rústica e a paisagem típica de Petrópolis, com seus morros. Nesse quadro, interessa analisar a presença de duas meninas, a menor trazendo ao colo uma boneca, sugerindo uma atmosfera de liberdade, de intimidade, onde provavelmente poderia estar ocorrendo uma das brincadeiras mais típicas de meninas, "brincar de mamãe e filhinha", o faz-de-conta no qual meninas representam relações sociais que começam a perceber entre papéis de mãe e filha.

O brincar com pequenos animais, prática divulgada pelos antepassados, continuada pelos negrinhos e por meninos brancos, índios e mestiços, aparece na tela de Lasar Segall (1891-1957), obra de 1924, "Menino com Lagartixas". Segall descreve a imagem da criança nos trópicos, rodeada de vegetação, bananeiras e bichinhos. Ali está impressa sua primeira imagem da criança brasileira: uma criança que vive na fartura, rodeada pela natureza, irradiando cor e alegria, e que se diverte com bichinhos. A realidade brasileira da miséria e pobreza transparece em obras subseqüentes, como no melancólico quadro de um menino doente, o "Menino Enfermo", de 1923. Ainda entre as imagens que evocam brincadeiras com animais, aves e bichinhos, encontram-se a de Emeric Mercier (1916 - ...), "Menino com Ave", de 1952, pintura que lembra o ambiente de pequenas cidades de Minas Gerais. É o retrato de seu filho, melancólico, em dia de chuva, confinado em seu quarto na companhia de um pato. Aves e animais sempre constituíram companhias de brincadeiras para crianças pequenas e grandes em todas as épocas. Tais "objetos vivos" têm a propriedade de fazer fluir relações de afetividade e colaborar para a estabilidade emocional da criança. A pintura de Enrico Bianco (1918 - ...), datada de 1979, "Menino com Carneiro", é mais um exemplo disso, fixando o cenário rural no qual uma criança, misturada ao rebanho de carneiros, brinca com um pequeno carneirinho. Dentro da mesma temática, Floriano Teixeira, nascido em 1923, no Estado do Maranhão, mostra na tela "Monique", de 1968, uma criança que brinca correndo atrás dos filhotes de animais domésticos para acariciá-los.

A força do jogo tradicional infantil *cabra-cega* aparece em toda sua plenitude na obra de Orlando Teruz (1902 - ...) que, desde o início da década de 30, pinta cenas de favelas cariocas, utilizando ricos tons de terra. Durante cinqüenta anos seguidos, o artista retrata o mesmo tema da brincadeira, demonstrando a permanência e a tradicionalidade da cabra-cega na infância brasileira. Se na pintura de Teruz são meninas já quase adolescentes, pelas formas arredondadas de seus corpos, que brincam de cabra-cega, em amplos espaços públicos, tendo ao fundo a paisagem das favelas nos morros do Rio de Janeiro, ainda hoje, esse jogo encanta crianças e pré-adolescentes. Nem mesmo a falta de espaço eliminou-a do rol dos jogos atuais.

A cabra-cega nem sempre foi brincadeira típica de crianças. Em tempos passados, relata Ariès (1979, p. 93), é muito apreciada por adultos:

Numa tapeçaria do início do século XVI, alguns camponeses e fidalgos, estes últimos mais ou menos vestidos de pastores, brincam de uma espécie de cabra-cega; não aparecem crianças. Vários quadros holandeses da segunda metade do século XVII representam também pessoas brincando dessa espécie de cabra-cega. Num deles aparecem algumas crianças, mas elas estão misturadas com os adultos de todas as idades: uma mulher, com a cabeça escondida no avental, estende a mão aberta nas costas. Luís XIII e sua mãe brincavam de esconde-esconde. Brincava-se de cabra-cega na casa da Grande Mademoiselle, no Hotel de Rambouillet. Uma gravura de Lepeantre mostra que os camponeses adultos também gostavam dessa brincadeira.

Entre as brincadeiras tradicionais não deixa de figurar o futebol de várzea. A obra "Futebol em Brodósqui", de Cândido Portinari (1903-1963), de 1940, estampa a pelada entre a meninada local. Portinari documenta o tema conhecido por todo menino brasileiro, rico ou pobre, sem distinção de classe social, em qualquer ponto do país. Ele mesmo aparece no meio do gol, carregando um enorme chapéu na cabeça. Em terreno arenoso, fincado entre as terras roxas plantadas com café, o campinho improvisado tinha troncos de madeira marcando o gol e até cavalos nos arredores. Embora o futebol tenha atualmente o estatuto de esporte, com regulamentos internacionais, ainda continua sendo um jogo tradicional infantil quando brincado pela molecada, em partidas descompromissadas, sem obediência àquelas regulamentações.

"A Roda", obra de Milton da Costa (1915 – ...), de 1942, mostra, mais uma vez, a preferência da criança pequena e até das maiores, por cantigas de rodas. Cantadas e dançadas nos tempos passados, continua presente ainda hoje no repertório infantil. O gosto feminino por tais brincadeiras aparece representado pela presença de seis meninas na roda. Não há nenhum menino. O mesmo autor continua a dar destaque às brincadeiras infantis em "Carrossel", de 1952, mostrando que brincar em parquinho, em carrossel, subindo em cavalinhos, é o retrato natural de crianças de ambos os sexos.

Carlos Scliar (1920 – ...) pinta o cotidiano das cidades tranqüilas, onde o carro e a explosão imobiliária ainda não tinham tomado as ruas. Na obra, de 1940, denominada "Na Rua", o pintor fixa a imagem de crianças de diferentes classes sociais, brancas e negras, misturadas, jogando bolinha de gude. A pintura é o exemplo de que em alguns jogos não há a coerção de classes sociais, o que conta é a habilidade do jogador. Brancos, pretos e mulatos, crianças de diversos segmentos sociais, misturam-se, incansáveis, muitas vezes, à revelia dos pais, nas brincadeiras de rua. O quadro de Scliar personifica meninos maiores na ação de jogar. Provavelmente o predomínio de crianças de mais idade nesse tipo de brincadeira se explique pela dificuldade dos menores em compreender as regras do jogo. Crianças de idade pré-escolar têm dificuldade para perceber a posição do outro em decorrência de sua decentração, o que dificulta a atuação em partidas competitivas como a da bolinha de gude. Atualmente estudos piagetianos demonstram a relevância desse tipo de jogo para auxiliar a criança pré-escolar a desenvolver a moralidade, a cooperação e a própria compreensão das regras.

A tradicional brincadeira de soltar balão nas festas juninas destaca-se na pintura de Pennachi, datada de 1948, representando adultos e crianças em torno de um negro que prepara o balão para a subida. É o registro de festas típicas do folclore paulista e que toda criança deve ter em sua memória.

A obra de Jordão é um documento rico, que traduz as diferentes imagens da criança brasileira em linguagem iconográfica, fixando entre elas o brincar dos primeiros tempos do século.

2. O COTIDIANO DO INÍCIO DO SÉCULO

Os jogos tradicionais infantis aparecem de forma mais abundante no cotidiano dos agrupamentos infantis de tempos passados, marcados por um ritmo de vida mais lento.

A cidade de São Paulo entre 1900 e 1940, segundo Silva, Garcia e Ferrari (1989), apresentava um ritmo de vida bastante tranqüilo, preenchido por inúmeras atividades sociais e de lazer. As ruas eram iluminadas a lampião de gás, havia bondes puxados a burro, e após o trabalho, as pessoas tinham o hábito de se encontrar nos bares. Entre as mulheres predominavam reuniões em casa de vizinhos e em confeitarias tradicionais ou salões de chá, sempre acompanhadas de irmãos ou crianças, onde se discutiam poesia, literatura e teatro. Prevalecia, ainda, a prática de ficar olhando o movimento das ruas pelas janelas ou fazendo tricô ou crochê em casa de vizinhos ou amigos.

A rotina das mães de classe média e alta era cuidar das crianças e dos afazeres domésticos.

Mas essa não era a realidade das mulheres operárias e domésticas que trabalhavam fora de casa. Não havia tempo para encontros, passeios ou trabalhos manuais. As jornadas excessivas de trabalho, a baixa remuneração e a alta do custo dos produtos básicos provocaram inúmeras greves e movimentos anarquistas.

Era na rua onde ocorriam desde manifestações anarquistas do operariado até o abastecimento da cidade com a circulação do leiteiro, peixeiro, fruteiro e verdureiro. A rua era também o espaço de integração entre cidadãos, através de brincadeiras e atividades de lazer. Esconde-esconde, acusado, pula-sela, jogo de bola na mão, bolinhas de gude, futebol, varinha-tangendo-rodas, pipas, cantigas de roda, bonecas e outras brincadeiras preenchiam o cotidiano de diversos grupos infantis daqueles tempos (Silva, Garcia e Ferrari, 1989, p. 56-60).

Uma moradora do bairro da Luz, em São Paulo, nascida em 1919, conta:

(Na rua) A gente brincava de Barra Ball, de acusado, de roda; as meninas brincavam de roda com aquelas cantigas de roda,

de soldado-ladrão. Tinha uma brincadeira que a gente gostava muito... brincar de estátua... A gente brincava também de pedrinhas... (id., ibid., p. 100).

Outros como o Dr. Hubhy, nascido em 1925, no Ipiranga, fala da força do futebol:

A brincadeira maior mesmo era o futebol... as peladinhas de rua; e uma vez ou outra no domingo, no sábado, formavam-se aqueles timinhos de futebol e jogavam contra uma vila. Os garotos de cada lugar da várzea... não tinha regra, não tinha time de 11... tinham os grêmios... (id., ibid., p. 101).

A preferência pelas brincadeiras de rua, presentes na memória desses antigos moradores de São Paulo, mostra o poder dos jogos tradicionais infantis perpetuados pela oralidade e pela apropriação do espaço coletivo. Crianças de níveis econômicos privilegiados e, principalmente, meninas, não tinham permissão para brincar na rua.

3. IMAGEM DA CRIANÇA POBRE E DA CRIANÇA RICA

As lembranças da infância mostram como o brincar depende da imagem que se tem da criança.

A menina Nina, nascida em 1912, em Pederneiras, filha de fazendeiros, conta:

Não me permitiam brincar na rua porque diziam que eu era uma menina de família. Na rua quando eu saía, era acompanhada. Eu brincava com minhas primas dentro da casa (quintal) (Silva, Garcia e Ferrari, 1989, p. 97).

Liliana, nascida em 1928, na Vila Clementino, em São Paulo, filha de dentista, também sofreu a mesma restrição:

Eu brincava com as meninas da vizinhança. Ou eu ia na casa delas ou elas vinham na minha... Era mais no quintal de casa, uma vez ou outra brincava na porta da rua, mas ao alcance, né... Fazia um pouco de amarelinha assim na calçada, mas em frente de casa... E mesmo esconde-esconde, cabra-cega, era tudo no quintal de casa, não na rua (id., ibid.).

Antigamente, a rua enquanto prolongamento da casa do operário, integrava o cotidiano das crianças. Nos bairros operários, nas regiões do Brás, Moóca, e Barra Funda, imigrantes italianos aglomeravam-se em habitações coletivas e crianças aproveitavam espaços das ruas para expressar suas brincadeiras. O grande contingente de crianças que ali afluía enquanto os pais ausentavam-se para a longa jornada diária de trabalho, mobilizava religiosos e damas da sociedade, que se empenhavam em ações filantrópicas para retirá-los das ruas, batalhando para que as crianças fossem internadas em creches, escolas maternais e asilos infantis (Kishimoto, 1988).

A urbanização e a industrialização alteraram o panorama da cidade e a vida das crianças. Miranda (s.d., p. 10-11) comenta:

E eis que em dado momento da vida das cidades, os urbanistas têm os olhos voltados para este fato: as crianças não tendo jardins, quintais, parques onde brincar e jogar, vão brincar no único espaço que lhes resta – a rua! (...) A rua é o meio nocivo por excelência. Ao contacto de companheiros viciosos, adquirindo maus hábitos, perturbando vizinhos, intranqüilizando os adultos, a rua é a criadora de tendências anti-sociais, a geradora de criminalidade infantil.

O perigo da rua para a formação da criança motivou autoridades municipais a instalar, a partir de 1935, parques infantis com o intuito de retirar o contigente infantil das ruas da capital paulista.

Considerado espaço perigoso, degenerador da criança, a rua não era tida como local ideal para a sua permanência. Na visão das autoridades, brincadeiras de rua pertenciam ao mundo das crianças de rua, filhas do operariado, consideradas miseráveis, maltrapilhas, promíscuas, desordeiras e imorais. Meninos de famílias mais abastadas eram proibidos de sair às ruas e suas brincadeiras restringiam-se ao espaço doméstico, nos quintais e clubes.

Na percepção de Rago (1985, p. 121), a rua aparecia como "escola do mal", idéia hegemônica no período da expansão de vilas operárias:

No discurso do poder político, a rua era representada como "a grande escola do mal", espaço público por excelência onde se gerariam os futuros delinqüentes e criminosos irrecuperáveis. O Dr. Moncorvo relembrava ainda o discurso de Lopes Trovão, proferido no Senado no final do século XIX: não preciso declarar, senhores, que me refiro à rua, a "nossa rua" (...). Pois bem, senhores (...) é nesse meio, peçonhento para o corpo e para a alma, que boa parte de nossa infância vive às soltas, em liberdade incondicional, em abandono, imbuindo-se de todos os desrespeitos, saturando-se de todos os vícios, aparelhando-se para todos os crimes.

Ainda para o médico sanitarista Mancorvo Filho, cabe ao Estado o dever de cuidar dessas crianças para formar seu caráter:

Temos uma pátria a reconstituir, uma nação a firmar, um povo a fazer, e para empreender esta tarefa, que elemento mais dúctil e moldável a trabalhar do que a infância? (...) a necessidade se impõe ao Estado de lançar olhos protetores, de empregar cuidados corretivos para a salvação dos pobres menores que vagueiam por não terem família ou que, se o têm, esta não lhes edifica o coração com os princípios e os exemplos da moral? (apud Rago, 1985, p. 122).

Na representação imaginária que médicos e políticos faziam da criança, esta aparecia como *tábula rasa*, facilmente moldável pelo ambiente promíscuo das ruas. O seu internamento era uma alternativa eficaz para evitar desvios. Além do internamento dos menores, o discurso médico defendia a moralização pelo trabalho como forma de reprimir a vadiagem.

No entender do criminologista, Noé Azevedo, a profissão de jornaleiro, por exemplo, era considerada perigosa, justamente por se efetuar no espaço público contaminado moralmente – a rua.

Mas que outra profissão lhe convém mais que a de vender jornais? Correr e gritar pelas ruas, querem coisa mais conforme ao temperamento irrequieto dos menores? Subir nos veículos, saltar com agilidade, disputar o freguês aos companheiros, tudo serve de diversão. Entretanto (...) os trabalhos feitos na rua são os que fornecem a mais avultada porcentagem de delinqüentes (...) apud Rago, 1985, p. 123).

A apropriação da infância pela especialização e o aparecimento da pediatria transformaram os médicos em novos *gurus*, que passaram a ditar normas relativas à idade infantil – é o domínio da higienização, do combate à mortalidade infantil e das reflexões em torno das conseqüências morais, sociais e políticas do abandono dos menores.

A idéia da moralização e regeneração da população desocupada pelo trabalho, já defendida pelos médicos, assumiu entre o empresariado a forma de caridade.

Um grupo de industriais afirmou, em 1870, que "não há empreendimento mais humanitário e filantrópico do que proporcionar emprego apropriado para essa grande e crescente parcela da comunidade" (apud Rago, 1985, p. 139). Nesse discurso patronal, o industrial beneficiava econômica e moralmente os pequenos que controlava, pois, trabalhando nas fábricas, as crianças estavam tendo oportunidade para sua formação e diminuíam os encargos da sociedade para com esta população miserável.

Enquanto para o patronato a função moralizadora do trabalho justificava a introdução de vasto contingente de menores de até 5 anos na indústria, especialmente têxteis, para o operariado a criança aparecia como inocente e fraca, necessitando de proteção e escola para sua formação. A imprensa operária mostrava pobres criancinhas espancadas, humilhadas, exploradas, franzinas, maltrapilhas, exaustas do trabalho ininterrupto de 10, 12 horas, engolidas por máquinas infernais, sem direito à vida, às brincadeiras típicas da idade e ao preparo para o futuro (apud Rago, 1985, p. 143).

Quando procuravam escapar à vigilância do cativeiro industrial, as crianças sofriam as terríveis conseqüências. O jornal *A Terra Livre*, de propriedade da imprensa operária, relata o seguinte episódio:

Tecelagem (...) Presenciei, porém, um fato que pode ser referido como amostra do que se passa: um pequeno, que o mais que poderia ter era 8 anos, andava na sala para levar canelas vazias para levar à fiação; de repente, porém, levado por impulsos próprios da idade, pôs-se a brincar com um boneco que ali improvisara, não sei como. Estava o pobre menino nisso quando o mestre do pano o surpreende por trás com um tremendo sopapo na cabeça, deixando-o estendido no chão (apud Rago, 1985, p. 143-144).

A notícia divulgada pelo jornal mostra a incompatibilidade do brincar com a imagem do menino operário. A função moralizadora do trabalho considerada antídoto da vagabundagem não dava espaço para a expansão da espontaneidade e tendências infantis.

Os jogos tradicionais de rua não tinham melhor sorte. Repudiados pela classe dominante e associados à criminalidade e promiscuidade, permaneciam redutos de crianças pobres, acusadas de criminosas.

A idéia de jogo associado ao prazer não era vista como importante para a formação da criança, mas tida como causadora de corrupção. Para poucos, como os responsáveis pelo Dispensário Nossa Senhora de Lourdes, os jogos revelavam-se pequenas concessões:

Nem descurou o Dispensário de proporcionar aos seus pobres algumas horas de prazer honesto, promovendo-lhes pequenas festinhas, jantares e pequenas alegrias por ocasião da Páscoa e de Natal, oferecendo às crianças, sobretudo, doces, gulodices e brinquedos (Boletim Eclesiástico, 1922, p. 52).

O brinquedo surgiu nas organizações filantrópicas e religiosas como peças de adorno da instituição. Complementando o sistema de higienização de estabelecimentos infantis, alguns brinquedos apareciam em cima dos armários, como peças decorativas. Não se cogitava de sua importância para a educação. A função educativa do jogo não fazia parte do ideário da maioria dos mantenedores de instituições infantis, exceto jardins de infância.

Já nas primeiras décadas deste século observa-se também a presença de brinquedos industrializados ou artesanais apenas nos lares de crianças privilegiadas, como relata Graciliano Ramos, ao relembrar sua infância que se passa no Estado de Alagoas, em 1900:

...esses garotos, felizes, para mim eram perfeitos: andavam limpos, riam alto, freqüentavam escola decente e possuíam máquinas que rodavam na calçada como trens. Eu vestia roupas ordinárias, usava tamancos, enlameava-me no quintal, engendrando bonecos de barros, falava pouco (Ramos, 1984, p. 200).

As condições sociais das crianças ricas, como vimos no texto, estão associadas à utilização de brinquedos industrializados ou artesanais e as das crianças pobres, a brinquedos construídos a partir de materiais facilmente disponíveis na natureza, como o barro.

Antigamente, a rua dividia as crianças conforme sua estratificação social: brincadeiras de rua e "brinquedos ecológicos" para as pobres, e brinquedos artesanais ou industrializados para aquelas economicamente privilegiadas que deveriam ocupar espaços domésticos, o que nem sempre ocorria, provocando críticas dos adultos.

É interessante verificar como a imagem da criança refletia-se na organização de "depósitos infantis" (asilos infantis, creches e escolas maternais) e manifestava-se na conduta infantil impedindo a ação lúdica.

A maioria dos responsáveis pelos "depósitos infantis" de origem filantrópica tinha na associação pobreza-saúde-promiscuidade-criminalidade o seu estatuto. Em decorrência, era a orientação marcada pela moralização pelo trabalho, pela rígida disciplina interna, pelo princípio da coletividade, pela ausência de espaços para o desenvolvimento da personalidade e individualidade, que moldava o cotidiano infantil. Nessa rotina, jogos e brinquedos eram banidos por sua incompatibilidade com a imagem de unidade infantil destinada à assistência da criança.

A propósito da forma de organização de asilos infantis, a assistente social Kfouri (1940, p. 9) comenta:

Entre nós, os asilos para menores, são, na sua maioria, do tipo já universalmente conhecido como o do quartel ou então "pabellonar", como são chamados na Argentina. Isto é, destinam-se a abrigar grande quantidade de crianças, medindo-se sua eficiência pelo maior número de assistidos. Daí grandes dormitórios com 40 ou 50 leitos, enfim, um verdadeiro quartel.

Outro depoimento semelhante:

No passado foram criadas algumas instituições fundadas com o desejo sincero de dar uma perfeita assistência aos menores desamparados, mas estes se ressentiram de uma boa orientação como assinala Victor Delfino: 'De todas essas instituições, o asilo dotado de grandes e tristes dormitórios, refeitórios frios, pátios cercados de altos paredões que isolam os internados do resto do mundo, uniformizando as crianças tanto no traje como no espírito, pelo tratamento que recebem, é, sem dúvida, a mais vetusta e a mais generalizada dentre eles. (Silva, 1937, p.164)

Nesses depoimentos nota-se a predominância de edifícios similares a quartéis, paredões favorecendo o isolamento da criança, sua uniformização tanto no traje como no espírito e o comportamento tímido e retraído do asilado como decorrência da opressão e marginalização.

A criança dos "depósitos infantis", militarizados, aparece na descrição de Asilo Sampaio Viana (Saraiva, 1945, p. 12):

...não são crianças felizes, não vivem a infância. Trata-se, antes, de um punhado de entes condenados a uma vida monótona, sem colorido e sem objetivo.

O regime de segregação quase absoluta em que se encontravam os internos impedia o relacionamento social dos asilados. O tratamento impessoal, decorrente das dimensões do estabelecimento, favorecia o isolamento que tornava as crianças "diferentes" de outras. Os expostos, por exemplo, passavam toda a infância sob a exclusiva influência da instituição. Não recebiam visitas, não dispunham de ninguém que se interessasse por suas atividades, seus fracassos ou sucessos. A falta de apoio ou estímulo, acrescida da vida insípida, gerava comportamentos que na época eram vistos como tristeza, vontade fraca, falta de iniciativa, revolta, passividade e hábitos anti-sociais.

Antipoff vê a criança asilada como diferente de outras que vivem com seus pais, vão à escola, brincam e têm o que fazer nas horas vagas. Ela descreve uma criança pálida, de olhos encovados e sem brilho, de músculos relaxados, uma criança oprimida, triste, aterrorizada e que nem sabe rir (apud Kishimoto, 1988, p. 20).

As crianças asiladas não dispunham de cotidiano rico e variado: dormir, brincar e trabalhar em diferentes lugares, com vários co-participantes, sob a supervisão de diferentes autoridades e na ausência de um plano racional.

As instituições totais como os asilos de expostos, orfanatos e asilos de delinqüentes, conforme Goffman (1974, p. 18), efetuavam uma ruptura dessa barreira que separava as três esferas da vida. No asilo, todos os aspectos da rotina diária ocorria em grandes grupos, sem diferenciação de tarefas, havendo, além disso, um rigor no cumprimento do horário de modo que as atividades obrigatórias ocorriam conforme um plano racional, único, supostamente planejado para atender aos objetivos oficiais da instituição. O tipo de organização desses asilos infantis acabava por moldar a criança "diferenciada", que não sabia rir e não brincava.

Da mesma forma, o isolamento da criança asilada do resto do mundo, promovido por altos paredões de seus edifícios, situados normalmente em locais distantes dos centros urbanos, bem como o rígido controle sobre suas atividades, não permitia o desenvolvimento da socialização e de comportamentos que envolvessem necessariamente o brincar.

A descrição de Kfouri (1940, p. 5) demonstra a imagem da criança asilada refletindo-se no modo de vida do asilo infantil:

A menina de asilo é tipicamente a menina de asilo; diferente das demais crianças à força de cultivarem-se nela as adversidades por que passou como se estivesse fadada por esse destino inflexível. É órfã, pobre, a obra entitula-se asilo para meninas, órfãs, desamparadas... .

Percebe-se que a representação que se faz de criança moradora dos "depósitos infantis" aparece sempre associada às idéias de pobreza, abandono, promiscuidade, vício, delinqüência, ausência de princípios morais e religiosos.

Em decorrência, essa imagem típica de organizações assistenciais castra o poder da criança brincar, elimina o espaço da brincadeira em nome de uma educação coerente com a natureza infantil idealizada como má. Cabe ao jardim de infância recuperar o valor dos jogos para a educação infantil.

Desde sua origem, o jardim de infância surgiu no Brasil como instituição que tem o direito e o dever de desenvolver a pedagogia froebeliana baseada no uso de jogos.

Essa orientação aparece nos objetivos do Colégio Menezes Vieira, o primeiro estabelecimento a oferecer jardim de infância no Brasil, em 1875:

Tem por escopo o desenvolvimento integral, harmônico da parte física, moral e intelectual do educando, para que aproveite a instrução primária. Não é uma escola na acepção vulgar do termo, é a transição suave e racional da família para a escola. Não ensina especialmente a ler, escrever e contar, prepara as crianças para que mais rapidamente e utilmente possa aprender. Não é um lugar de brinquedo, considerada essa palavra na acepção ridícula e grosseira que lhe emprestam os ignorantes ou sofistas pedagogos; é o sagrado laboratório em que se aproveitam as múltiplas, variadas e expressivas manifestações da atividade infantil (Treze Anos de Magistério no Rio de Janeiro: 1875 a 1887, p. 113-114).

Seguiu o mesmo caminho a Escola Americana, de São Paulo, que em 1877 fundou o seu jardim de infância froebeliano, conforme assinala o prospecto da unidade:

Esta parte do nosso sistema, baseado no hoje bem conhecido sistema de Froebel, tem por fim o desenvolvimento intelectual desde a mais tenra idade, por métodos intuitivos e naturais, tendo em vista as necessidades físicas das crianças, atraindo-as aos conhecimentos e desenvolvendo as faculdades observadoras, sem constrangimentos dos corpos e sem lágrimas, mas com alegria e contentamento; aprendendo dos próprios brinquedos e alcançando assim benéficos efeitos de disciplina e o uso acertado dos dons e sentidos (Prospecto de 1885-1886).

Essa é a orientação que foi seguida também pelo jardim de infância oferecido por José Veríssimo, no Pará, em 1884.

A valorização do jardim de infância como instituição educativa, responsável pela formação de crianças de 3 a 6 anos por meio da pedagogia froebeliana foi assumida, também, por escolas oficiais, destinadas à elite da época, como o anexo à Escola Normal da Capital de São Paulo, em 1896:

O jardim de infância, anexo à Escola Normal da Capital, é destinado a preparar, pela educação dos sentidos, segundo os processos de Froebel, os alunos de ambos os sexos que se destinarem à escola modelo preliminar (Decreto nº 397 de 9 de outubro de 1896).

No entanto, a pedagogia dos jogos, ao contrariar a rígida metodologia disciplinadora dos tempos imperiais criou inimigos e aliados.

A imprensa local geralmente aprovava iniciativas inovadoras. Enquanto a *Imprensa Evangélica de São Paulo* elogiava o jardim de infância da Escola Americana afirmando que agora educava-se por meio do jogo e não por meio de castigos (Garcez, p. 69), no Rio de Janeiro, o *Jornal da Tarde* de 9-12-1881 apontava a metodologia froebeliana como responsável pelo desenvolvimento cognitivo das crianças:

Trinta e cinco crianças, um pequenino bando de flores que a ilustre esposa do Dr. Menezes Vieira cultiva no seu Kindergarten, segundo o proveitoso método de Froebel e Pestalozzi, mostraram uma precocidade de desenvolvimento de inteligência e boa compreensão das noções de coisas, respondendo às perguntas feitas sobre princípios de geometria, de geografia e de história do Brasil (apud Treze anos de Magistério no Rio de Janeiro, p. 38).

As mães das crianças que freqüentavam o jardim de infância anexo à Escola Normal de São Paulo ficavam impressionadas, observando pelas janelas ou encostadas nas portas como suas crianças aprendiam facilmente através dos jogos, poesias e marchas típicas da pedagogia froebeliana. Fotografias do acervo iconográfico do Laboratório de Brinquedos e Materiais Pedagógicos da Faculdade de Educação da Universidade de São Paulo, do período compreendido entre 1920 a 1940, reforçam essa visão, mostrando amplas salas dispostas em cantos para brincadeiras de faz-de-conta, onde crianças pré-escolares brincavam de fazer comida, passar roupa, de médico, escolinha, grupos de meninos e meninas construíam barcos com blocos, outros reuniam-se em torno de gaiolas com passarinhos, e em outras mesas predominavam atividades de recorte, pintura e marcenaria e até diversos jogos com regras.

O cotidiano do jardim de infância é retratado também pela Revista *A Escola Pública*, em 1896, que mostra o empenho das "jardineiras" no desenvolvimento da metodologia dos jogos froebelianos. Um deles, a adivinhação de flores e frutos, processava-se da seguinte forma:

As crianças fazem o círculo e começa o canto. A professora chama, então, para o centro uma delas e venda-lhes os olhos com um lenço. Toma, depois, uma flor ou fruta e aproxima-lhe ao nariz para que a reconheça pelo olfato. A criança que acertar tem a flor ou fruta como recompensa. Um dos cantos que acompanha a atividade é o seguinte:

'Vamos ver, amiguinhas
De nós qual há de ser
Que o nome das florinhas
Vai, pelo odor dizer
Vem tu, florinha bela,
Azul da cor do céu
Irás às mãos daquela
Que diga o nome teu'

(A Escola Pública, 1896, p. 226).

A aula de linguagem constava de pequenos diálogos formulados pela professora, sobre os interesses das crianças; de pequenas e curiosas estórias contadas pela mestra e repetidas por elas. As aulas, entremeadas com movimentos dos dedos, eram acompanhadas pelos seguintes versos:

Fecho o dedo polegar
Para o indicador abrir
Vem o médio se deitar
E reto fica o anular
Que o mínimo vai dormir

À medida que o aluno escolhido recitava, posicionava os dedos como determinava o verso. Havia uma profusão de cantos, marchas e versos acompanhando as atividades das crianças, permitindo um ambiente descontraído e de extrema mobilidade, contrastando com a rígida disciplina e o clima de terror que acompanhava as atividades escolares dos primórdios deste século (Revista "A Escola Pública", 1896, p. 225 e 226).

Entretanto, o ideário pedagógico que predominava desde os fins do período imperial não permitia uma aceitação tão fácil do jardim de infância como instituição educativa. Geralmente estabelecimentos reservados às crianças de 0 a 6 anos, concebidos como assistenciais e necessários apenas a países desenvolvidos, visavam ao atendimento do trabalho feminino e sempre eram associados a trabalhos filantrópicos e religiosos. Os discursos de políticos e professores indicavam tais percepções.

O discurso do senador Junqueira em 1879:

Kindergarten. É alemão, é protestante, o nome católico de asilos ou salas de infância deve ser banido pela escola liberal. Mas o meu fim é demonstrar que isto não tem nada com a instrução primária: é uma instituição de caridade para meninos desvalidos, que serve para que a mãe ou pai, sendo nimiamente pobres, quando vão para o seu trabalho entreguem seus filhos àqueles asilos, como já se faz entre nós e até na Bahia, em algumas casas dirigidas pelas irmãs de caridade. Mas aqui era preciso dar-se este nome pomposo – jardim de infância

(Anaes do Senado do Império do Brasil, 1879, p. 141).

Segue o mesmo raciocínio o depoimento de Alberto Brandão, um dos professores convidados pela Educação Pedagógica do Rio de Janeiro, em 1883, para discutir os jardins de infância. Em seu parecer, destaca-se a idéia do jardim de infância como uma instituição de caridade típica da Europa, destinada a prestar serviços à mãe trabalhadora, e sem utilidade para o Brasil, onde a única função da mulher era cuidar de filhos e, ainda, acusa os jardins de infância de tirar a criança muito cedo do lar.

A finalidade social de proteção à criança, durante o trabalho feminino, em contextos industriais, parecia ser o único objetivo atribuído ao jardim de infância. O Brasil Imperial, marcado pela agricultura e ausência de centros industriais, ajudaram a construir essa percepção.

Da mesma forma, outro participante da Exposição Pedagógica, Olympio da Costa, concebeu o jardim como imitação inconsciente de países industrializados, como *objeto de luxo* para um país onde a mulher só concorre como *fator de produção de filhos e não da renda*. O início precoce da escolaridade de 7 para três anos resultou em outro ponto negativo apontado por facções contrárias à instalação dos jardins de infância.

Outros criticaram o uso de jogos infantis na escola por sua natureza espontânea. Em contrapartida, religiosos que discordavam dos jardins de infância eram acusados de partidários do *ensino fradesco*, inimigos dos brinquedos infantis e favoráveis à introdução do *aprendizado monótono das rezas*. Nem mesmo a entrada da República com nova política favorável à educação, conseguiu reverter totalmente a situação. Alguns continuaram achando que a função do Estado não era *desmamar crianças* e gastar dinheiro e esforço com *diversões pedagógicas*. Para o renomado educador republicano João Köpke, não cabia ao Estado gastar dinheiro com instituições de *natureza assistencial destinada a desmamar bebês* (Kishimoto, 1988, p. 37).

Todavia, a expansão do jardim de infância ocorreu lentamente e carregou consigo a idéia de que apenas crianças de elite, que freqüentavam jardins de meio período, tinham o direito de aprender pela pedagogia dos jogos.

Educadores com Alvim (1941, p. 33) e Reis (s.d., p. 62) apontam o erro dessa orientação ao demonstrar que as instituições pré-escolares deveriam utilizar critérios de natureza psicológica como a idade para definir a clientela de cada estabelecimento infantil. Entretanto, o que prevalecia era a postura assinalada por Faria (1941, p. 29), de valorizar o jardim de infância como estabelecimento para crianças ricas e a associação depreciativa de instituições assistenciais ao atendimento de crianças pobres:

...as instituições pré-escolares que prestam assistência e dão também educação são vulgarmente chamadas de creches ou escolas maternais.

A educação pelo jogo não se harmonizava com a natureza da criança pobre e asilada ou freqüentadora de escola de tempo integral, uma vez que emergia a imagem da criança má que precisava ser domesticada, disciplinada para não cair em desvios de conduta. A liberdade e o potencial da educação pelo jogo ao permitir a expressão dessa natureza infantil, considerada má, revelava-se incompatível com a educação das camadas populares.

Assim, Almeida Júnior, no Anuário do Ensino de 1935/1936, sintetiza:

A palavra 'kindergarten' (jardim de infância) foi adotada por Froebel, no século passado, para designar instituições correspondentes ao tipo francês de escola maternal, abrangendo a educação e a assistência, e destinando-se de preferência à criança pobre. Os americanos distinguem, geralmente, a escola maternal do jardim de infância, entregando àquela as crianças de 2 a 3 anos e a este as de 4 a 6 anos. A terminologia do Código de Educação adotou esse exemplo. Contudo, o uso nosso é denominar jardim de infância a instituição que se preocupa exclusivamente com a educação froebeliana, reservando-se o nome de escola maternal à que educa e presta assistência (p. 104).

O que o autor denuncia é a inexistência, no Brasil, da prática norte-americana de distinguir instituições infantis conforme critérios definidos pela idade da criança. Embora docentes como Alvim e Reis pleiteassem tal critério, a imagem da criança dominante desconsiderava fatores relacionados ao desenvolvimento infantil. Prevalecia a idéia de que a criança pobre devia ser retirada da rua para receber assistência em tempo integral em instituições infantis e a criança rica devia freqüentar o jardim de infância, de meio período, e educar-se por intermédio dos jogos froebelianos.

Os jardins froebelianos continuaram seu processo de expansão, especialmente no fim do século passado e início deste, com o apoio do movimento escolanovista europeu e o progressismo americano. Teóricos como Dewey, Kilpatrick, Claparède, Montessori, Decroly, entre outros, centralizaram suas propostas na criança, em sua atividade e na utilização de materiais concretos e especialmente na educação pelo jogo. Embora prevalecessem diferenças nas concepções dos autores em relação à natureza e ao papel do jogo na educação, não há uma percepção clara dessas divergências, permanecendo, apenas, a perspectiva de que todos os teóricos que estudaram a criança debruçaram-se sobre a importância do brincar.

O escolanovismo, embora deficiente por assumir a idéia de uma natureza infantil descontextualizada, neutra, ao valorizar a bondade da criança, estimulava ações pedagógicas como aquelas que incluíam os jogos.

Entretanto, no processo de expansão e definição de suas funções, a pré-escola acabou cerceando o jogo livre proposto inicialmente por Froebel e criou condições para o aparecimento de jogos didáticos e educativos, com finalidades definidas. O processo gradual de escolarização acabou dando uma nova forma ao jogo pré-escolar; um jogo aliado ao trabalho escolar, um jogo que visa à aquisição de aprendizagens específicas, definidas *a priori*, tais como forma, cor, números, além de comportamentos mais amplos e complexos como cooperação, socialização, autonomia, entre outros. Essa questão será tratada na próxima seção.

Pode-se concluir que crianças de rua são as únicas a usufruir do direito de partilhar de jogos livres, como os jogos tradicionais infantis que se desenrolam em grandes espaços públicos como as ruas. Quando internadas em organizações assistenciais, elas perdem o direito às brincadeiras e submetem-se à moralização pelo trabalho. Brinquedos industrializados ou artesanais pertencem ao mundo da criança rica e os jardins de infância, a elas destinados, oferecem uma gama variada de jogos educativos e didáticos garantindo a aquisição de determinados tipos de aprendizagens. Em relação aos jogos simbólicos, o reduto da livre imaginação infantil, o espaço para o desenvolvimento da tomada de decisão, esses permanecem bastante restritos, exceto nos jardins de infância da Caetano de Campos.

As imagens de criança elaboradas por diversos segmentos da sociedade brasileira são responsáveis pelas percepções coletivas que traduzem perfis distintos para a criança pobre e rica, favorecendo ou cadastrando o direito de brincar.

III

AS TEORIAS PEDAGÓGICAS E O JOGO

É possível compreender o jogo na educação infantil a partir de teorias pedagógicas que lhe dão suporte.

Instituições infantis que se desenvolveram nas primeiras décadas deste século foram influenciadas por princípios oriundos de Froebel, e de escolanovistas como Claparède, Dewey, Decroly e Montessori. É interessante verificar como tais estudos repercutiram na introdução de jogos, concebidos ora como ação livre da criança ora como atividade orientada pelo professor na busca de conteúdos escolares.

1. FROEBEL E O JOGO

Os jardins de infância criados no Brasil no século passado divulgaram a pedagogia dos jogos froebelianos. A prática adotada, por exemplo, no Jardim de Infância do Caetano de Campos, em São Paulo, absorveu a idéia de jogo livre nas brincadeiras cantadas e do jogo orientado, incluindo materiais como bola, cilindro e cubo.

Entre os jogos utilizados nas brincadeiras cantadas, muitos deles traduzidos de obras alemãs e inglesas por Zalina Rolim e bastante divulgados, a exemplo do jogo de imitar passarinhos:

As crianças dispostas em círculo, encerram duas ou quatro no centro. Estas procuram imitar os movimentos do passarinho, do peixe, da lebre, etc., cantando sempre os versos correspondentes. Ao chegarem às palavras 'Mas eu sou criancinha' – as do centro voltam a fazer parte do círculo e cantam os últimos versos:

Se eu fosse um passarinho,
Cantaria noite e dia
Meu caro ninho,
Minha alegria
Ah! Se eu fosse um peixinho,
Nadando, noite e dia,
Meu ribeirinho
Não deixaria
Se eu fosse uma lebrinha,
Na relva, noite e dia,
Bem ligeirinha
Eu pularia
Mas eu sou criancinha,
E brinco, noite e dia,
Com mamãezinha
Que me vigia

(Revista do Jardim de Infância, 1896, p. 62).

Brincadeiras de roda como essa giram em torno de temáticas variadas como estações do ano, moinho de vento, pombal, ratinho, temporal, mensageiro, moleiro, flores e outras que exigem a movimentação das crianças conforme o tema da música.

As brincadeiras de movimentos incorporando conteúdos escolares são também empregadas pela educação infantil. O programa da escola maternal sob a responsabilidade de Anália Franco, no período de 1902, utilizava a metodologia froebeliana incluída nas lições de Botânica: a professora toma uma rosa branca com botões, chama a atenção da criança para as partes principais da rosa. Em seguida divide as crianças em tantas filas quantas forem as partes que constituem a flor.

Por exemplo, a primeira fila corresponde ao pedúnculo, a segunda ao cálice, a terceira à corola, a quarta aos estames e a quinta ao pistilo.

Explica às crianças qual o critério da divisão e pede-lhes para erguer as mãos e responder, por exemplo: *pedúnculo tinha a rosa, o que não tinha era cálice*, etc., quando apresentar qualquer parte da flor que corresponda a seu nome. Em seguida conta uma pequena estória:

Fui ontem passear no Jardim Público e ali encontrei uma grande quantidade de flores, entre elas belos cravos e lindas rosas brancas, mas com grande admiração minha, vi uma que não tinha pedúnculo.

As crianças que correspondem às pedúnculas erguem as mãos e dizem:

– *Pedúnculo tinha ela, o que não tinha era corola.*

As seguintes respondem: *corola tinha ela, o que não tinha era cálice – cálice tinha ela, o que não tinha era os estames.* As quartas respondem: *estames tinha ela, o que não tinha era pistilo*, etc. (Franco e Caldas, 1902, p. 21-25).

Termina o jogo e as alunas cantam em volta do banco:

Eu tenho uma rosa branca
Com dois botões cheirosos
Tenho no centro da corola
Os estames mimosos
Sai o pistilo engraçado
Dentre as brancas pétalas
E do cimo do pedúnculo
O cálice de verdes sépalas
Com esta flor mimosa
A mamãe vamos brindar
No alegre dia de seus anos
Que não tarda a chegar (id., ibid.).

O mesmo jogo se repete com folhas, dando-se a cada criança, se for possível, a imagem de uma folha colada em cartão. E após o jogo, cantam:

Estas verdes folhinhas
Tem um limbo lustroso
Duas nervuras lindinhas
E um pistilo mimoso
Se está o ar em movimento
Da haste são arrancadas
E pela força dos ventos
As folhinhas são levadas

(Franco e Caldas, 1902, p. 21-25).

Todos os jogos froebelianos envolvem movimentação das crianças de acordo com os versos por elas cantados. O conteúdo das músicas, em consonância com os movimentos, facilita o conhecimento espontâneo sobre os elementos do ambiente. O papel educativo do jogo é exatamente esse. Quando desenvolvido livremente pela criança, o jogo tem efeitos positivos na esfera cognitiva, social e moral.

Entre jogos como esses, organizados pelo professor, encontram-se as atividades com dons. Crianças de 3 a 4 anos do jardim de infância do Caetano de Campos, desenvolvem atividades com o 2º dom, segundo informações da Revista do Jardim de Infância (1896, p. 81).

O segundo dom consta de uma esfera, um cubo e um cilindro. Colocando-se em cima de uma mesa juntamente com uma bola de borracha, a mestra pergunta:

– Qual destes três objetos se parece mais com a bola? As crianças, com certeza, apontarão a esfera mas, naturalmente sem lhes dar o nome.

– De que é feito? perguntará a mestra pondo-a na mão de um dos alunos ou rolando-a sobre a mesa.

– De madeira, respondem as crianças, sem dúvida. Podemos pois chamar este objeto – *bola de madeira; mas podemos também dar-lhe outro nome; podemos chamar-lhe – uma esfera.*

Cada uma das crianças pronunciará então a palavra, articulando-a distintamente. A esfera e a bola serão, além disso, comparadas com respeito à cor, à substância, ao peso, etc., a fim de se evidenciarem as suas analogias e diferenças. Ambas são redondas, ambas rolam; a bola é macia, a esfera é dura; a bola é leve, a esfera é pesada. A esfera faz mais barulho do que a bola quando cai no soalho. A bola salta quando cai e a esfera não. Todas estas respostas serão dadas pelas crianças após repetidas experiências e perguntas, devendo cada uma repeti-las em sentenças completas (Revista do Jardim de Infância, 1896, p. 81).

No segundo exemplo fica claro a presença de objetivos relacionados à aquisição de noções sobre formas geométricas.

É uma atividade importante para a pré-escola, mas ela distingue-se do jogo livre.

Ao inventar os dons, Froebel quis dar oportunidade para a criança explorar livremente. Entretanto, percebe que a criança precisa dominar as formas de manipulação dos objetos. Só então poderá explorar as possibilidades de emprego do material. A manipulação dos tijolinhos permite a aquisição de vários tipos de conhecimentos: formas reais de objetos conhecidas por ela como cadeira, mesa, cozinha, castelo, igreja, etc., formas ideais como propriedade das relações, dos números, linhas, etc., formas simétricas para o cultivo do belo e outras como o desenvolvimento de habilidades sensório-motoras possíveis a partir da manipulação, observação e atenção (Kishimoto, 1988, p. 112).

Ao transmitir as formas de manipulação dos materiais froebelianos parece que o professor em muitos casos *esquece* de garantir o ponto mais importante da pedagogia froebeliana, dar um tempo necessário para a livre exploração dos materiais.

Assim, os jardins de infância froebelianos incluem jogos nos quais se permite às crianças uma livre exploração, oferecendo apenas o suporte material e jogos orientados nos quais há clara cobrança de conteúdos a adquirir.

Embora prevaleça uma nítida preferência pelos jogos livres, os jogos educativos continuaram presentes nos anos 20, durante a expansão do movimento escolanovista, amparados por alguns teóricos da referida escola.

A tendência para inovação pedagógica é antiga. Educadores como Sócrates, na Grécia, Erasmo, Vives e Montaigne, na Renascença, Pestalozzi e Froebel, no século XVIII, e muitos outros, são exemplos dessa tendência. O movimento denominado Escola Nova ou Escola Ativa, que tem como expoente John Dewey, representa, em seu sentido restrito, um momento concreto dessa grande corrente inovadora do ensino. Apesar de sua especificidade, a Escola Nova não representa um sistema único. Engloba, no entender de Luzuriaga (1952, p. 1-18), um conjunto de movimentos com diversidades e divergências, assumindo princípios norteados pela valorização do indivíduo, socialização, liberdade, atividade e vitalidade (id., ibid., p. 117).

2. A ESCOLA NOVA E O JOGO

No Brasil, a penetração dos ideais escolanovistas, embora iniciada no período imperial com a instalação das primeiras escolas infantis, teve seu ponto alto nos anos 20 e 30. Nos anos 20 ocorreram as principais reformas educativas como fruto de novo ideário. Entre elas a do Ceará, de 1923; Minas, 1927; Distrito Federal, 1928, e São Paulo, 1920. Além dessas realizações concretas havia um esforço em sistematizar e difundir novas idéias com a presença de ampla literatura educacional e a criação de centros, como de Belo Horizonte, para sua divulgação e a expansão de organizações como os parques infantis. Nos anos 30 aumentaram os debates com a vitória do Movimento de Trinta e a instalação do Governo Constitucional de 1934.

A análise de eventos ocorridos em São Paulo, Minas Gerais e Rio de Janeiro, os principais centros disseminadores do escolanovismo, poderá ser um bom exemplo de como o jogo educativo penetra no interior das instituições infantis.

O Centro de Minas Gerais foi estimulado por personalidades como Helena Antipoff, convidada especialmente pelo governo mineiro para criar a Escola de Aperfeiçoamento de Professores, em 1928. Discípulo de Claparède, levou para Minas Gerais a experiência adquirida junto a renomadas personalidades do escolanovismo europeu, como Claparède, Bovet, Piaget, e instalou uma réplica da instituição infantil, a "Maison des Petits", do Instituto Jean Jacques Rousseau, da qual foi professora, anexo ao centro de formação de professores.

O Brasil teve oportunidade de conhecer, pelo trabalho de Antipoff, importantes personalidades. Entre elas, eminentes representante da psicologia como Mira e Lopes, Claparède, André Reys, Pierre Janet, Pierre Bovet, Pieron e outros que ajudaram a difundir novos estudos na área da psicologia infantil, inclusive sobre o jogo infantil.

Em 1929, o centro publicou pesquisas sobre interesses e preferências de crianças entre 10 e 14 anos, com destaque para os brinquedos (Antipoff, 1930, p. 13-19).

Embora não se tratasse de uma pesquisa com crianças pré-escolares, o inquérito de Antipoff englobava escolares entre 10 e 14 anos e suas preferências de brinquedos. Pesquisa semelhante foi realizada em São Paulo, com crianças da escola primária, em 1934, por alunos da professora Noemy Silveira Rudolfer, em colaboração com o Laboratório de Psicologia da Universidade de São Paulo (Hallier e Macedo, 1946). Entre as várias informações coletadas por ambos estudos, destacam-se jogos de faz-de-conta como tipicamente femininos: 262 meninas e 6 meninos brincavam de casinha (crianças paulistas) e 533 meninas e 1 menino preferiam brincar de boneca (crianças mineiras).

Os estudos indicaram valores ocultos, de discriminação sexual nas preferências dos jogos. A ausência total do sexo masculino nos *jogos de faz-de-conta* (brinquedos de boneca, jogos de imitação familiares como mamãe e filhinha, fazer comida, etc.); e, em contraposição, a ausência do sexo feminino em brincadeiras com carros, trens e automóveis. Mesmo nos jogos motores como bola, havia maciça predominância dos meninos e pouca expressão do sexo feminino. Provavelmente a discriminação presente na sociedade brasileira e belorizontina com relação aos comportamentos considerados adequados para o sexo incluía uma diferenciação nos modos de brincar. Para os meninos, eram mais adequados jogos de destreza motora, como bola, jogos que envolvem aventuras com carros, trens; e para as meninas, jogos de faz-de-conta, mais tranqüilos, com predomínio de afetividade e passividade. Aos meninos se lhes concedia a rua para as brincadeiras e as meninas ficavam mais restritas ao quintal e ao ambiente doméstico. Elas brincavam menos, uma vez que eram solicitadas, mais cedo, a colaborar nos afazeres de casa, perdendo, com isto, a oportunidade de explorar e desenvolver sua iniciativa e criatividade, a enfrentar desafios, elementos indispensáveis para uma adequada formação de personalidade infantil e, especialmente importantes para garantir a confiança em si mesmo como ser capaz de criar, explorar e planejar.

Ao adotar princípios de Claparède, Antipoff (1930) seguiu a psicologia funcionalista que se expandiu na Suíça e difundiu-se nas escolas normais e em cursos de Psicologia no Brasil. Para o funcionalismo, a inteligência não representa faculdades isoladas do intelecto, mas uma maneira de reagir do organismo que ocorre quando este se defronta com situações novas. As necessidades e os interesses do organismo constituem a mola propulsora da ação inteligente. A psicologia funcionalista de Dewey, divulgada no Brasil especialmente por Claparède, justifica o sentido do jogo como manifestação de interesses e necessidades da criança.

Os pressupostos da psicologia funcionalista refletiram-se nas falas dos professores belorizontinos. Gonzaga Júnior (1929, p. 15), em conferência realizada na Escola Normal de Montes Claros, comenta:

A criança procura o jogo como uma necessidade e não como distração (...). É pelo jogo que a criança se revela. As suas inclinações boas ou más, a sua vocação, as suas habilidades, o seu caráter, tudo que ela traz latente no seu eu em formação, torna-se visível pelo jogo e pelos brinquedos, que ela executa.

Outro depoimento semelhante de um diretor de escola primária de Minas Gerais, na década de 30, mostra a influência de princípios da escola nova na adoção de jogos entre professores de escolas primárias:

Nenhum professor, que pelo menos tenha ouvido falar em escola nova, desconhece o valor dos jogos no ensino de toda e qualquer disciplina.

Entretanto, a introdução dos jogos na escola primária não era bem vista. Pastor (1935, p. 72), comentou a *ojeriza dos pais pelo jogo* e desnudou conflitos apontados também por Fagundes (1934, p. 59), como a de que os pais não enviavam os filhos à escola para brincarem.

Predominava nessa época, especialmente nas escolas públicas, o hábito de utilizar jogos de uma forma bastante diretiva para o ensino de conteúdos escolares. O exemplo dado por Guaracy (1934, p. 24) de um jogo destinado ao ensino dos números na disciplina Matemática, esclarece melhor a orientação adotada:

Preparação: depois das primeiras conversas com as crianças, procurando sondar os seus interesses e fixando o assunto que convier no momento, a professora organizará o seu material:

10 lápis, cadernos, frutas, pauzinhos de picolé, contador mecânico, giz, etc.

Desenvolvimento: tomando 10 lápis, por exemplo, a professora dirá à classe: "Tenho aqui nesta mão um punhado de lápis (primeiramente, pergunta à classe, para ver se alguém sabe dizer para que servem os lápis. Caso ignorem, explicar-lhe a utilidade). Um punhado de lápis são uns poucos lápis, alguns lápis, como vocês estão vendo. Agora eu passo este lápis para esta mão. Quantos lápis eu tiro? Tirei um lápis, foi? Tiro ainda este, três lápis mais este, quatro lápis, cinco lápis, seis, sete, oito, nove, dez. Então eu tenho aqui dez lápis" (repete-se tantas vezes quanto achar conveniente). Dirá depois: "Vocês agora vão contar comigo. Repitam o que eu disser" (tomando os lápis, um a um, irá contando a classe toda: 1,2,3,4,5,6,7,8,9,10). Tomando, depois, o contador mecânico, proporá à classe contar juntos as bolinhas da primeira carreira, da segunda, da terceira, etc. No dia seguinte, fará o mesmo. Dará à classe para contar milho debulhado, frutas, etc. E, enquanto a professora vai contando os lápis ou as bolinhas do contador, a classe vai contando os grãos de milho, as pedrinhas, etc. Verificando o professor que os alunos já sabem contar, e após numerosos exercícios, nos quais convirá ensaiar as combinações dos números, poderá então dizer-lhes: "a gente não conta só falando, dizendo um, dois, três, etc., e fazendo as contas que nós temos feito, mas escrevendo também. Vocês querem contar, escrevendo? Então vamos fazer isso". Tomando o contador mecânico ou o lápis dirá: "um lápis, agora se eu quiser escrever, farei no quadro este sinalzinho – 1 –, que quer dizer um". O mesmo fará para os cinco primeiros números, passando ou desenhando em cima de cada um tantos tracinhos quantos o número representar).

Exercícios: mostrando os números no quadro, perguntará à classe: "Quantas bolinhas ou tracinhos estão aqui? Então que número é este? (E mostra o número de baixo de cada grupo de bolinhas). E aqui, etc." Outros exercícios: "proporá à classe os dedos da mão, as carteiras, os colegas, as janelas, os quadros, etc. Perguntará, depois, a uns quantos lápis têm, quantos cadernos. No fim de cada aula, o professor escreverá no quadro os números de 1 a 10, mandando que as crianças os copiem nos cadernos."

Fica claro nessa descrição de que o uso do jogo no ensino da Matemática no período de expansão do ideário escolanovista não passa de emprego de material concreto, de forma mais significativa que a metodologia de ensino verbalista vigente até então. Não se observa, em nenhum momento, a ação lúdica da criança. Prevalece a total direção do professor. Entretanto, para os anos 30, essa inovação tinha o significado de jogo, um jogo capaz de atender interesses e necessidades infantis que contrapunha-se ao ensino tradicional que ignorava recursos materiais como auxiliares do ensino.

Naquela época, as discussões em torno da natureza do jogo eram insignificantes. O desconhecimento das características do jogo, tais como atividade iniciada e mantida pela criança, flexibilidade e decorrente possibilidade de exploração, relevância do processo de brincar e não de seus resultados, prazer propiciado pelo ato lúdico, existência de regras e criação de situações imaginárias, confundia o emprego de materiais pedagógicos inovadores com o jogo. Um mesmo objeto ou material podia ser empregado em situações de jogo e não-jogo. Para os docentes da época, a simples utilização de materiais concretos como suporte da atividade didática tinha o sentido de jogo. O jogo não tinha natureza distinta do suporte material. Nesse período, o pouco discernimento acerca da natureza do jogo e seu uso com finalidades didáticas criou tais confusões.

Claparède (1956, p. 435-438), embora tendo consciência da natureza livre do jogo e da dificuldade lógica de propor o jogo educativo, comenta que: *Todos os jogos são, por sua própria essência, educativos. Reserva-se, porém, o nome de jogos e de brinquedos educativos a certos jogos ou brinquedos combinados de maneira que proporcionem um desenvolvimento sistemático de espírito ou inculquem certos conhecimentos positivos.* O autor pondera a inoportunidade de intervir no jogo livre, mas acredita que feito com habilidade poderá auxiliar uma criança a conseguir realizar os fins que estão na sua própria mente. Entretanto, essa pequena diferença, que significa auxiliar o aluno a buscar suas próprias finalidades, não fica muito clara para certos professores que utilizam o jogo educativo com único fim de ensinar conteúdos.

O mesmo movimento escolanovista penetrou na Educação Física e estimulou a perspectiva do jogo enquanto recreação, uma atividade que colabora com o desenvolvimento físico e higiênico da criança.

A Educação Física tomou conta, desde o século passado, do espírito da educação paulista, com os batalhões escolares de 1890-1892, o Instituto Paulista de Jogos, de 1902, a sistematização de trabalho com a ginástica e a criação, em 1931, do Serviço de Assistência Técnica da Diretoria Geral de Ensino. A reforma da escola normal de São Paulo, nos anos 30, criou um curso de especialização em Educação Física, sob a supervisão da Escola de Educação Física, destinada a formar professores preparados para utilizar o jogo como forma de recreação na escola. Essa orientação surgiu também no Rio de Janeiro, no Departamento de Educação do Distrito Federal, na gestão de Anísio Spinola Teixeira. A exploração do jogo como modalidade de ginástica recreativa, manifestou-se na própria estrutura de organismos oficiais, que introduziram o Departamento de Recreação e Jogos sob a jurisdição da Superintendência de Educação Física. Desde essa época, a recreação é vista como:

atividade física ou mental em que o indivíduo é naturalmente impelido para satisfazer as necessidades físicas, psíquicas ou sociais, de cuja realização lhe advém prazer (Schmidt, 1969, p. 41). Autores como Medeiros (1960), Schmidt (1969), Marinho (1969) e Campos, Cunha e Golveia (1934) divulgaram a mesma concepção.

A recreação na acepção de escolanovistas brasileiros diverge daquela emitida pelos filósofos gregos, de uma recreação descompromissada. Não é também aquele jogo livre que acontece nas ruas, nos quintais e praças, descritos por folcloristas. A recreação tem o sentido de atividade orientada na busca de objetivos. Não são objetivos relacionados à aquisição de conteúdos, mas ligados ao desenvolvimento físico, cognitivo e social. Prioritariamente busca-se formar o corpo e, conjuntamente, habilidades cognitivas, morais e sociais. Geralmente entram na categoria de jogos recreativos aqueles pertencentes ao folclore infantil, nos quais predominam a atividade motora (barra-manteiga, corda) e rodas cantadas.

O exemplo de Medeiros e Machado (1960, p. 13) mostra como brincadeiras de rodas cantadas colaboram para o desenvolvimento infantil:

Brincando de 'lenço atrás', as crianças aprendem não só a correr em círculo, mas também a cooperar com os companheiros (mantendo a roda), a obedecer às regras do jogo (saindo apenas na sua vez), a respeitar os direitos dos outros (só apanhando o lenço que lhe é destinado), a acatar a autoridade (encontrada muitas vezes na pessoa de um colega, que é o chefe do grupo), a assumir responsabilidades, a aceitar as penalidades que lhe são impostas (o choco), a dar oportunidade aos demais (não jogando o lenço apenas aos amigos, mas a todos os participantes), enfim, a viver em sociedade.

Esse jogo destina-se ao desenvolvimento integral da criança, estimulando habilidades físicas concomitantemente às morais e sociais. Embora o jogo ocorra sob a supervisão do professor, permite-se a escolha do mesmo para que seja respeitada a vontade da criança e se manifesta o prazer na ação desenvolvida. Os autores entendem a recreação como um espaço para a criança expressar, criar e desenvolver. A proposta é de uma recriação.

É a concepção de jogo enquanto recreação que alimenta a expansão dos parques infantis criados a partir dos anos 30. Definindo objetivos como recreação, educação e nutrição, tais instituições conceberam atividades livres orientadas por recreacionistas com formação em Educação Física para fomentar a educação integral da criança.

Escolanovistas como Fernando de Azevedo, Lourenço Filho, Anísio Teixeira, Hortência Pereira Barreto, Almeida Júnior, Celina Nina Airlie, Maria Pompéia Junqueira e todo o grupo vinculado ao movimento dos Pioneiros da Educação Nova, destacaram o papel dos parques infantis tendo a recreação como uma de suas metas.

Segmentos mais ativos de movimento escolanovista como a Associação Brasileira de Educação, com sede no Rio de

Janeiro, divulgaram em 1938, um documento sobre os objetivos dos jogos educativos. Para o grupo, os "brinquedos educativos" tinham seu valor pelo poder de desenvolver hábitos e não pela conquista do conteúdo escolar. O objetivo: desenvolvimento de hábitos inclui diferentes comportamentos e condutas como: preparo para recreio saudável e ocupação útil, desenvolvimento do indivíduo enquanto ser criador e participante da sociedade, raciocínio, condutas estéticas, controle da vontade em busca de objetivos, cuidado com o material e organização da limpeza, integração com a natureza e exploração de questões científicas (Ministério de Educação e Saúde, 1939, p. 3). A orientação da ABE aproximava-se daquela que prevalecia nos parques infantis do jogo como recurso para o desenvolvimento físico, cognitivo e social.

Entre os escolanovistas, Fernando de Azevedo muito contribuiu para divulgar as instituições infantis e o jogo.

A orientação social de todas as propostas de Fernando de Azevedo originou-se do pensamento de Dewey. Em conferência proferida no Rio de Janeiro, em setembro de 1930, ele expressou claramente que a Reforma, do Distrito Federal, apesar de conter pressupostos teóricos de diferentes pensadores, integrados de modo harmonioso, apresentava os ideais de Dewey em sua espinha dorsal.

Dewey ao conceber a infância enquanto época de crescimento e desenvolvimento, estimulou a adoção de jogo livre como forma de atender necessidades e interesses da criança.

Para dar unidade ao seu pensamento e às reformas que empreendeu, Fernando de Azevedo selecionou, entre a multiplicidade de escolanovistas americanos e europeus, aqueles cujos princípios fluíam na mesma direção. Nesse sentido, a opção por Decroly justifica-se por ter sido ele o principal seguidor de Dewey, na Bélgica. O método dos centros de interesses propostos pelo pedagogo belga aproximava-se daquele praticado na escola-laboratório anexa à universidade de Chicago, coordenada por Dewey, por ter como base o interesse da criança.

Partindo das idéias de Dewey, da importância da Psicologia da Criança e das necessidades sociais, Decroly criou na escola da Rua Ermitage, em Bruxelas, Bélgica, em 1907, um método de ensino globalizado, com a finalidade de evitar a fragmentação do ensino e atender ao interesse da criança. Esse método, denominado centro de interesse, constituiu um tipo de organização de programa baseado em idéias centrais, geradoras do conhecimento, tais como: necessidade de alimento, luta contra intempérie, necessidade de defesa, necessidade de ação e de trabalho. A execução do centro de interesse envolveu três etapas: observação, associação e expressão. A observação, base de todo o ensino, dá à criança consciência das coisas que a cercam. Consiste em fazer a inteligência trabalhar sobre materiais recolhidos pelos sentidos. A associação visava provocar, no espírito da criança, associações dos conhecimentos adquiridos para a elaboração de idéias gerais. As noções observadas e associadas passavam, em seguida, por dois tipos de expressão: a) Concreta: tal como modelagem, desenho, pintura, cartografia, tricô, tecelagem e outras, e b) Abstrata: como a conversação, redação, gramática, etc. São tais centros de interesses que permitem à criança pré-escolar observar os fenômenos do mundo cultural e natural que despertam sua atenção, e expressá-los de modo concreto por aquelas atividades conhecidas na educação infantil como o pintar, desenhar e modelar (Boon, s.d., p. 15-33).

Os centros de interesses apareceram nos anos 30 como o novo processo de ensino que revolucionaria o jardim de infância. A utilização de temas ocasionais, que surgem em conversas informais, como uma conversa sobre a vaca, serviam para organizar centros de interesses que levavam os alunos do jardim de infância do Caetano de Capos a produzir queijo, manteiga e doce de leite; a se embrenhar pela fazenda, a buscar a história e geografia dos escravos e índios; a estudar o comércio, o transporte, a agricultura, a construção de estrebarias, enfim, a desenhar, construir e colecionar objetos relativos ao tema em questão. Outro centro de interesse ocasional que mereceu a atenção dos jornais foi o do café, um tema que surgiu de uma conversa informal da professora com seu aluno. O recorte de jornal do seu arquivo pessoal narra a origem do centro:

Um dia um dos pequenos contou à senhorita Alice Meirelles Reis que deixara de tomar seu café, antes de se dirigir à aula. A professora perguntou-lhe se sabia o que era café. Ao que o aluno respondeu ser uma cousa escura que a mamã lhe dava a beber todas as manhãs e que trouxera para seu papá, fazendeiro e sócio do clube comercial, uma infinidade de cabelos brancos (apud Kishimoto, 1988, p. 123-124).

Entretanto, foi na obra *L'Iniciation à L'Activité Intelectuelle et Motrice par Les Jeux Educatifs*, que Decroly (1926) divulgou seus jogos. Destinados ao desenvolvimento intelectual e motor, tais jogos foram reproduzidos e passaram a ocupar o espaço da educação pré-escolar. Cartelas contendo ilustrações permitiram associar noções como dentro, fora, acima, abaixo, correspondência de números e quantidades. Embora tais materiais fizessem parte de um contexto teórico no qual a criança primeiro explorava o ambiente para depois expressá-lo, e finalmente se divertia nos jogos de fixação de conteúdos, a inversão do processo adotada pela maioria das escolas infantis prejudicava a formação da criança.

Essa orientação fica clara na seguinte definição:

Os jogos educativos não constituem senão que uma das múltiplas formas que podem tomar o material do jogo, mas que têm por meta dominante a de fornecer à criança objetivos susceptíveis de favorecer a iniciação a certos conhecimentos e também permitir repetições freqüentes em relação à retenção e às capacidades intelectuais da criança (Decroly, 1978, p. 23).

Essa interpretação de Decroly repousa na idéia de que certos meios de aquisição de conhecimento são facilitados quando tomam a forma aparente de atividade lúdica. O jogo não é o fim visado, mas o eixo que conduz a um conteúdo didático determinado. Ele resulta de um empréstimo da ação lúdica para servir à aquisição de informações.

É muito provável que, para educadores que não conheciam a natureza do jogo, as orientações como as de Decroly tenham contribuído para ocultar a diferença entre o jogo livre e aquele destinado à aquisição de conteúdos.

Outra influência que se acrescenta à valorização do jogo como ação livre provém de Montessori (1965, p. 16), que afirma: "É necessário que a escola permita o livre desenvolvimento da criança para que a pedagogia científica nela possa surgir". Em sua pedagogia científica, Montessori organizou um conjunto de materiais criados por Itard e Séguin, destinados à educação sensorial, intelectual e moral. Tais materiais incluem exercícios para a apreensão de atividades do cotidiano como quadros de amarrar, abotoar, mobiliário adequado ao tamanho da criança, objetos domésticos, além de materiais destinados ao desenvolvimento dos sentidos e ao ensino do alfabeto, do número, da escrita, da leitura e da matemática, necessários ao desenvolvimento gradativo da inteligência e à aquisição da cultura.

Para graduar a educação da primeira infância e evitar casualidades na formação espiritual, a desordem e a dispersão de interesse, Montessori determinou que seus materiais fossem oferecidos à criança segundo uma ordem progressiva. Cada material com uma finalidade específica: os encaixes serviriam apenas para os exercícios de encaixe, as formas geométricas para sua distinção, etc. Nunca empregar, por exemplo, as pranchas da escada longa, de progressão decimétrica, como espingardas, nem os cilindros de encaixar como eixos de carro (Soares, 1931). Montessori, na obra "L'Enfant" (s.d., p. 144-145), manifestou-se contra a utilização de brinquedos na educação infantil: *Eu compreendi que o brinquedo era sem dúvida alguma coisa inferior na vida da criança e que se recorre quando não há nada melhor.*

Paradoxalmente, apesar dessa contradição teórica, de não valorizar o uso de jogos, Montessori colaborou para subsidiar a tendência do uso de jogos livres na educação infantil ao permitir à criança o direito de escolher os materiais para o trabalho escolar.

Embora a penetração do método montessoriano tenha ocorrido bem no início do século, seu desenvolvimento foi marcante nos anos 30. Consta que em 1915, na capital paulista, Mary Buarque, diplomada pela Escola Normal da Praça e pela Universidade de Columbia, iniciou um trabalho com crianças de três anos de idade utilizando a metodologia montessoriana. A mesma orientação foi repetida no jardim de infância do Externato Pacheco Jordão e no Colégio Villalba, ambos em São Paulo (Kishimoto, 1988, p. 153-154).

Predominava nos anos 30 a tendência de misturar à proposta de educação infantil elementos de teorias de Froebel, Decroly, Dewey e Montessori.

Um bom exemplo dessa postura eclética é a Escola Montessori, de Carolina Grossman:

As crianças passavam o tempo no jardim da casa, que era muito arborizado e florido. Tinham, para sua atividade, além do material específico do método, mobiliário de tamanho apropriado para brincarem de "casinha", bonecos, velocípedes, balcões para brincar de vendinha, talheres e pratos para as refeições, materiais de música, etc. Assim, criavam em conjunto atividades lúdicas, organizavam jogos, competições, faziam teatro (eles mesmos inventavam textos) e os menores eram "protegidos" pelas maiores, num 'faz-de-conta' muito próximo da vida real. Dessa forma, desenvolviam a sociabilidade em ambiente quanto possível ao ar livre, através de exercícios para o desenvolvimento:

a) dos sentidos com o tato (noções de frio, calor, dor, contato com superfícies lisas, rugosas, secas, úmidas, etc.); audição (intensidade, altura, direção e ritmo); visão (cor, tamanho, forma, distância); gosto (salgado, doce, etc.); e o olfato (intensidade, diferenciação).

b) desenvolvimento intelectual – as crianças de 5 a 6 anos utilizavam *os centros de interesse onde a jardineira tinha o papel de colaboradora e orientadora de atividades como a de fazer um balão, montar uma peça de teatro, orquestra, etc. Estas crianças tinham grande interesse em agricultura, plantavam e colhiam verduras no jardim, as quais eram posteriormente utilizadas em sua alimentação.*

Por essa descrição, observa-se que Grossman adaptou o método montessoriano contrabalançando o excesso de individualismo típico da metodologia com o uso de atividades em grupo, destinado ao desenvolvimento da cooperação. Havia também, a presença de centros de interesses de Decroly e até brincadeiras de faz-de-conta que auxiliavam a criança a integrar-se na sociedade, como deseja Dewey.

Desde os anos 20, tanto escolas maternais como jardins de infância de São Paulo, recomendam princípios de Froebel e Montessori. Essa orientação transparece também nos objetivos da escola maternal introduzidos em São Paulo pelo decreto 3.708, de 30 de abril de 1924, cap. II, art. 6: *O ensino será ministrado pela educação dos sentidos, segundo as formas de Froebel e Montessori, adaptada às condições do nosso meio.*

O Decreto n. 4.600, art. 421, de 30 de maio de 1929, que regulamenta as leis 2.269, de 31 de dezembro de 1927, e 2.315, de 31 de dezembro de 1928, as quais reformulam a Instrução Pública de São Paulo, prevê a seguinte orientação para a escola infantil: *A orientação do ensino deverá obedecer aos processos conjugados de Froebel e Montessori.*

Posteriormente, nos anos 30, embora predominassem idéias de Dewey, Decroly e Kilpatrick, continuaram presentes orientações metodológicas de Froebel e Montessori.

O Código de Educação que reformulou a educação paulista em 31 de abril de 1933 (decreto n. 5.884), apresentou as finalidades da educação infantil conforme princípios de Dewey, Kilpatrick e Decroly: *São fins da educação infantil:*

a) aperfeiçoar e ampliar os rudimentos da educação adquiridos no lar;

b) zelar pelo crescimento físico, mediante atividades recreativas, movimentos rítmicos, educação muscular e sanitária;

c) promover a iniciação intelectual, por meio de programa que planejado em termos de projeto e unidade de trabalho, gira em torno de interesse da criança, com largo exercício sensorial e aproveitamento intenso da tendência lúdica, e

d) promover a iniciação moral e social, apoiada numa disciplina de liberdade, autodireção e autocontrole, de modo a criar hábitos cívicos, com a prática de boas maneiras, de vivacidade e de auxílio mútuo (art. 37).

As finalidades da educação infantil incorporaram as idéias de Dewey, de liberdade, autodireção, autocontrole, importância dos interesses e das atividades recreativas, as quais se manifestaram em metodologias como a de projetos (Kilpatrick) e centros de interesses (Decroly).

Paralelamente, o mesmo Código de Educação (art. 38) recomenda as orientações de Froebel e Montessori: "Ao Chefe do Serviço de Educação Infantil compete:

d) propagar os sistemas de Froebel, de Montessori e outros, como ponto de partida para adultos e pesquisas que inspiram adaptações de métodos e processos de acordo com as características do nosso meio."

Em síntese, a educação pré-escolar dos primeiros tempos incorporou princípios de Froebel, Dewey, Decroly e Montessori. Geralmente para os autores que valorizam o emprego do jogo, ele aparece como atividade livre, que dá prazer e estimula o desenvolvimento físico, cognitivo e social.

Entretanto, essa orientação nem sempre aparece subsidiando práticas de educação infantil. Marinho (1957, p. 186-187) comenta o desvirtuamento da *educação física por professores que deixam de desenvolvê-la como recreação, atividade natural da criança, e a transformam em exercício de ginástica. É muito provável que as restrições e os cuidados necessários ao emprego dos jogos educativos para aquisição de conteúdos, já comentados por Claparède e Decroly, não tenham atingido a maioria dos professores de educação infantil e da escola elementar.*

Pode-se concluir pelos exemplos citados, que tanto o jogo livre como aquele destinado à aquisição de conteúdos continuaram presentes na educação das primeiras décadas deste século, apoiados em concepções pedagógicas enunciadas por Froebel e continuadas por escolanovistas.

BIBLIOGRAFIA

ALVIM, M.A. *Parques Infantis como Centro de Assistência Social ao Pré-Escolar*. Rio de Janeiro: Escola Técnica de Serviço Social, set./dez., 1941 (monografia apresentada para obtenção do diploma de assistente social. Separata dos nºs 15, 20 e 36 de Cultura Artística).

ANTIPOFF, Hèlene. *Ideais e Interesses das Crianças de Belo Horizonte.* Belo Horizonte: Imprensa Oficial, 1930.

ARIèS. *História Social da Criança e da Família.* 2ª. ed. Rio de Janeiro: Ed. Guanabara, 1978.

AZEVEDO, Fernando de. *A Cultura Brasileira*. 5ª ed., rev. e amp. São Paulo: Cia. Ed. Nacional, Ed. USP, 1970.

BALDUS, Herbert. Tapirapé – Tribo Tupi no Brasil Central. São Paulo: Cia. Ed. Nacional, Ed. USP, 1970.

BITTENCOURT, Gastão de. *Folclore do Brasil.* In: Brasil, Ministério das Relações Exteriores. Estudos e Ensaios Folclóricos em Homenagem a Renato Almeida. Rio de Janeiro: Seção de Publicações do Ministério das Relações Exteriores, 1960.

O Folclore no Brasil, com um prefácio do Dr. João de Castro Osório. Bahia: Publicações da Universidade da Bahia, 1957.

BOLETIM ECLESIÁSTICO. Órgão Oficial da Arquidiocese de São Paulo. Ano XIV, jan./fev., 1922.

BOON, Gerard. *Essai d'Application de La Méthode Decroly Dans L'Enseignement Primaire*. Bruxelas: J. Lebéque et Cie, s.d.

BRANDÃO, Théo. *Brinquedos e Rodas Infantis*. In: Boletim Alagoano de Folclore v. 3, n. 3, p. 44-7, 1958.

BRASIL, Conselho Nacional de Proteção aos Índios. Brinquedos de Nossos Índios. Rio de Janeiro: Ministério da Agricultura, série infantil nº 1, 19/04/1958.

BROUGÈRE, Gilles. Le Role du Jouet Dans L'Impregnation Culturelle de L'Enfant. In: L'Education Par le Jeu et L'Environnement. nº 29, 1988, p. 26-31.

BROUGÈRE, Gilles. *Les Jouet ou la Production de L'Enfance: L'Image Culturelle de L'Enfance à Travers du Jouet Industriel*. Paris: VIII, volume I, thèse 3ème cycle, U.E.R. d'ethnologie, 1981.

CAILLOIS, R. *Les Jeux et les Hommes*, Paris: Gallimard, 1958.

CALIXTO, Afonso. *Brinquedos Tradicionais Infantis*. Olimpia: Anuário de Folclore, v. 10, nº 13, 1983, p. 17-19.

O Mundo Encantado das Brincadeiras. Olimpia: Anuário do Folclore, nº 8, ago., 1982, p. 10-11.

CAMPOS, Terezinha Calil Pades. *A Representação de Idade e Sexo nas Fotografias de Anúncios de Publicidade: Estereótipos Socializadores*. São Paulo: PUC, 1983.

CARDIM, Fernão. *Tratados de Terra e Gente do Brasil*. Rio de Janeiro: Editores J. Leite & Cia. 1925.

CARNEIRO, E. Lapa. *O Papagaio: Pequena Contribuição para Seu Estudo em Portugal*. Barcelos: Ed. Porteira, 1964 (ilustrado).

CASCUDO, Luís da Câmara. *Dicionário de Folclore Brasileiro*. Belo Horizonte: Itatiaia; São Paulo: Editora da Universidade de São Paulo, 1988.

Literatura Oral no Brasil. São Paulo: Ed. Itatiaia, 3ª ed., 1984a.

Superstições e Costumes: Pesquisa e Notas de Etnologia Brasileira. Rio de Janeiro: Antunes, 1958.

Superstições no Brasil. Belo Horizonte: Ed. Itatiaia; São Paulo: Ed. da USP, 1985.

Vaqueiros e Cantadores. Belo Horizonte: Ed. Itatiaia; São Paulo: Ed. da USP, 1984b.

CASTELVI, Marcelino de. *Como se Divierten los Jovenes y Ninõs en las Regiones del Caquetá, Putumayo y Amazonas,* México. In: Anuário de La Sociedad Folclórica de México. n. 3, p. 177-181, 1942.

CHATEAU, Jean. *Le jeu et l'enfant.* Paris: Septième Edition, Libraire Philosophique J. Vrin, 1979.

CLAPARÈDE, Eduardo. Psicologia da Criança e Pedagogia Experimental. São Paulo: Ed. do Brasil S.A. 1956.

D'ALLEMAGNE, Henry René. *Históire des Jeux.* Ouvre contenant 574 ilustrations dans le texte et 232 gravures hors texte dont 60 planches colorés à aquarelle, chez l'auteur. s.d.

DECROLY, Monchamp. *Imitation à l'Activité Intelectuelle et Motrice par les Jeux Educatifs.* Paris: 3ème Editions, Delachaux y Niestle S.A., 1925.

DEWEY, John. *L'Ecole et L'Enfant.* Trad. Pidont, L.S. Paris: Neuchatel, Delachaux S. Niestlé S.A., 1913.

DI MARCO, Sérgio Alexandre. *Brincadeira Infantil: Rodar Pião.* In: Anuário do Folclore. Olimpia, ano XV, n. 18, p. 70-72, ago., 1988.

EHRENREICH, Paul. *Contribuição para a Etnologia do Brasil.* Tradução de Schaden, Egon. Introdução e Notas de Baldus, Herbert. In: Revista do Museu Paulista. São Paulo: n. 2, p. 7-136, nova série, 1948.

Enciclopédia Mirador Internacional. Encyclopaedia Britannica do Brasil, Publicações Ltda. São Paulo: Melhoramentos, 1976, vol. 12.

Entrevista feita em 03-08-90 com elementos das tribos xerente na Casa do Índio, ala Leopoldo de Bulhões, esquina 1003, setor Pedro Ludovico.

FAGUNDES, Abel. *Jogar ou Não Jogar*. In: Revista do Ensino. Belo Horizonte: Órgão Técnico da Secretaria de Educação, v. 7, nº 109, dez., 1934, p. 59-63.

FARIA, H.R.M. de. A Função Social do Jardim de Infância. São Paulo: 1941 (Trabalho de conclusão de curso apresentado à Escola de Serviço Social).

FERNANDES, Florestan. *Folclore e Mudança Social na Cidade de São Paulo*. Petrópolis: Ed. Vozes, 1979.

FERRARA, Maria Amorim. *Como Brincam as Crianças Mineiras*, Pesquisa Folclórica. Minas Gerais: Cèntro Regional de Pesquisas Educacionais, 1962.

FIGUEIREDO FILHO, J. de. *Folguedos Infantis Carirenses*. Fortaleza: Imprensa Universitária do Ceará, 1966.

FOURNIER, Edouard. *Histoire des Jouets et des Jeux*. Paris: E. Dentu Editéur, 1889.

FRANCO, Anália e CALDAS, Eunice. *Manual para as Escolas Maternais da Associação Feminina Beneficente e Instrutiva*. São Paulo: Tipolitografia Ribeiro, 1902.

FREYRE, Gilberto. *Casa-Grande & Senzala*. Brasília: Ed. Universidade de Brasília, 1963. 12ª edição brasileira, 13ª edição em língua portuguesa.

FROEBEL, F. *La Educación del Hombre*. Traducción del aleman por Zulueta, Luis de. Daniel Jorro Editor, s/d., 1913.

GARCEZ, B.N. *O Mackenzie*. São Paulo: Casa Editora Presbiteriana, 1970.

GARCIA, Rose Marie Reis e MARQUES, Lilian Argentina. *Jogos e Passeios Infantis*. Porto Alegre: Kuarup, 1989.

Brincadeiras Espontâneas, Autoestima e Aceitação Social da Criança pelo Grupo Lúdico. Porto Alegre: PUC, Rio de Janeiro; dez, 1981. (Dissertação de Mestrado)

GARKOV, Adriana Friedman. *Jogos Tradicionais na Cidade de São Paulo: Recuperação e Análise da sua Função Educacional*. São Paulo: UNICAMP, 1990 (Dissertação de Mestrado).

GOFFMAN, E. Manicômios, Prisões e Conventos. Trad. Leite, Dante Moreira. São Paulo: Ed. Perspectiva, 1961.

GUARACY, Gilberto. O Valor dos Jogos no Ensino da Aritmética. In: Revista do Ensino. Minas Gerais: v. 8, nº 107, dez., 1934, p. 23-24.

GUILLEMAUT, J.; MYGUEL, M. e SOULAYROL, R. *Le Jeu, L'Enfant*. Paris; Expansion Scientifique Française, 1984.

GRÜNFELD, Frédéric V. *Jeux du Monde – Leur Histoire – Comment les Construire – Comment y Jouer*. Gèneve: UNICEF, Éditions Lied, 1979.

HELLER, Agnes. *O Cotidiano e a História*. São Paulo: Paz e Terra, 3ª ed., 1960.

HOLANDA, Aurélio Buarque. *Novo Dicionário da Língua Portuguesa*. 1ª edição, 7ª reimpressão. Rio de Janeiro: Ed. Nova Fronteira, 1975.

HUIZINGA, Johan. *Homo Ludens: Essai sur la Fonction Sociale du Jeu*. Paris: Gallimard, 1951.

IVIC, Ivan e MORZANOVIC, Aleksandra (ed.). *Tradicional Games and Children of Today*. OMEP/UNESCO, 1986.

JAULIN, Robert. *Jeux et Jouets – Essai D'Ethnotechonologie*. Paris: Aubier, 1979.

JOLIBERT, B. *L'enfant au 17e Siécle*. Paris: Libraire Philosophique J. Vrin, 1981.

JOPPERT, Maria Augusta e LIMA, Oscarlita Fontes. *Brinquedos Cantados pelas Crianças: Pesquisa Folclórica Realizada nas Escolas do Distrito Federal nos Anos de 1953/54*. Rio de Janeiro: mimeo., 1955.

JORDÃO, Vera Pacheco. *A Imagem da Criança na Pintura Brasileira*. Rio de Janeiro: Salamandra, 1979.

KFOURI, N.G. *Em Torno dos Problemas do Asilo para Menores*. In: Serviço Social. São Paulo: nº 14, fev., 1940.

KISHIMOTO, Tizuko Morchida. *A Pré-Escola em São Paulo (1877 a 1940)*. São Paulo: Edições Loyola, 1988.

KISHIMOTO, Tizuko Morchida. *J. Bruner – Contribuição para o Desenvolvimento do Currículo*. São Paulo: Faculdade de Educação da Universidade de São Paulo, 1976 (Dissertação de Mestrado).

KISHIMOTO, Tizuko Morchida. *Jogos Tradicionais Infantis*. São Paulo: v. I, II, III, Faculdade de Educação da USP.

KISHIMOTO, Tizuko Morchida. *O Brinquedo na Educação. Considerações Históricas*. In: Idéias, O Cotidiano da Pré-Escola. São Paulo: Fundação para o Desenvolvimento da Educação, nº 7, 1990, p. 39-45.

KOCH-GRÜNBERG, Theodor. *Del Roraima al Orinoco* – Tomo I, II e III. Venezuela: Ediciones del Banco Central de Venezuela, 1979.

LIMA, Fernando de Castro Pires de. *A Arte Popular em Portugal*. Lisboa: Verbo, 1966, ilustr.

LOMBARD, Chantal. *Les Jouets des Enfants Baoulé* (Essais sur la Creativité Enfantine dans un Societé Rurale Africaine). Paris: Quatre Vente – Éditeur, 1978.

LOURENÇO Filho. *Introdução ao Estudo da Escola Nova*. São Paulo: Melhoramentos, 13ª ed. 1978.

LUIZ, M.C.: SALVADOR, M.N.: CUNHA JR., H. *A Criança (Negra) e a Educação*. In: Cadernos de Pesquisa 1990. v. 31. p. 69-72.

LOYOLA, Hollanda. *Jogos, Diversão e Passatempos – Jogos Educativos de Acordo com o Método Francês*. Rio de Janeiro: Cia. Brasil Ed., 1940.

MARINHO, Inezil Penna. *Educação Física. Recreação e Jogos*. Rio de Janeiro: Tip. Baptista de Souza & Cia. (Eds.), 1957.

MEDEIROS, Ethel Bauzer e MACHADO, Edvete R. da Cruz. *108 Jogos para Jardim de Infância*. Rio de Janeiro: Livraria Agir Ed., 1960.

MEDEIROS, Ethel Bauzer. *Jogos para Recreação Infantil.* Rio de Janeiro: Ed. Fundo de Cultura, 1960 (1ª ed.), 1961 (2ª ed.).

MELLO, Veríssimo de. *Origem de Jogo Popular.* In: Folclore. Vitória: v. 1, n. 6, p. 1, maio/jun. 1950.

MIRANDA, N. *O Significado de um Parque Infantil em Santo Amaro.* São Paulo: Typographia das Flores, s/d.

200 Jogos Infantis. Belo Horizonte: Ed. Itatiaia, 1980 (1ª ed., 1948).

MONTESSORI, Maria. *Pedagogia Científica.* Trad. Brunetti, A. A. São Paulo: Flamboyant, 1965.

MOREIRA, Beresford. *Seu João Fernandes.* In: Folclore. Vitória: nº 2, ju.out., 1950, p. (7-8)-15.

MOTT, M.L.B. *A Criança na Literatura de Viagens.* In: Cadernos de Pesquisa. São Paulo: Fundação Carlos Chagas, nº 31, dez. 1979, p. 57-68.

NETO, Soffiati. *O Jogo das Bolinhas.* In: Cadernos de Folclore. Rio de Janeiro: FUNARTE, 1977.

NICEAS, Alcides. *Capa-Bode: um Esquecido Brinquedo de Faz-de-Conta.* In: Anuário do Folclore. Olimpia, v. 13, n. 16, p. 60, ago., 1986.

NIMUENDAJÚ, Curt. *Brinquedos dos Nossos Índios. Os Ladrões de Jerumum.* In: Revista do Museu Nacional. Rio de Janeiro: v. 1, n. 3, p. 10-11, 1945.

OLIVEIRA, Maria de Lourdes Barreto de. *Infância e Historicidade.* São Paulo: PUC, 1989 (Tese de Doutorado).

OLIVEIRA, Paulo Sales. *O Que é Brinquedo.* São Paulo: Brasiliense, 1984.

OLIVEIRA, Paulo Salles de. *Brinquedo, Indústria Cultural.* Petrópolis: Vozes, 1986.

OPIE, I. A.; OPIC, P. *Children's Games in Street & Playground.* Oxford: Oxford University Press, 1984.

PACHECO, Renato José Costa. *O Jogo do Papão.* In: Folclore. Vitória: v. 2, n. 9, p. 6, nov./dez., 1950.

PASTOR, Raymundo. *Ojeriza dos Pais pelo Jogo.* In: Revista do Ensino. Minas Gerais: v. 9, nº 1, 1935, p. 73-94.

LUZURIAGA, Lorenzo. *La educación nueva*, 8ª ed., Buenos Aires, Losada, 1967.

Peteca, um Esporte que se Ganha no Tapa. Jornal Folha de S. Paulo. São Paulo: 02/06/87.

PINTO, Alexina de Magalhães. *Os Nossos Brinquedos*. Coleção Icks, série B, Lisboa, Typographia de "A Editora", 1909.

PORTO, Waldice Mendonça. *Paraíba em Preto e Branco*. Paraíba: A União Editora, 1976.

RAGO, M. *Do Cabaré ao Lar. A Utopia de uma Cidade Disciplinar*. São Paulo, 2ª ed., Ed. Paz e Terra, 1987.

RAMOS, Arthur. *O Folclore Negro no Brasil*. Rio de Janeiro: 2ª edição ilustrada e revista, Livraria e Editora Casa do Estudante do Brasil, S.P., 1954.

RAMOS, Arthur. O Negro na Civilização Brasileira. Rio de Janeiro: Livraria Editora da Casa do Estudante do Brasil, 1956.

RAMOS, G. *Infância*. Rio de Janeiro, 20ª ed., Record, 1984.

REDIN, Euclides. *Representação de Criança Pré-Escolar no Brasil*. Pesquisa baseada em fatores explícitos e implícitos na legislação e na reflexão sobre a realidade da educação infantil em nosso meio. São Paulo, USP, Instituto de Psicologia, 1985 (Tese de Doutorado).

RÊGO, José Lins do. *Menino de Engenho*. Introdução de Castele, José Aderaldo: nota de Ribeiro, João. Rio de Janeiro: livraria José Olympio Editora, 14ª ed., 1969.

REIS, A.M. *Escolas Maternais e Jardins de Infância*. Edição Inédita, mimeo., s/d.

REVISTA A ESCOLA PÚBLICA. São Paulo: Typographia do Industrial de São Paulo: 1896.

RIBEIRO, Maria de Lourdes Borges. *O Folclore na Escola*. Rio de Janeiro, Caderno 5, MED-DAC, Funarte, 1976, p. 13-15.

RODRIGUES, Anna Augusta. *Rodas, Brincadeiras e Costumes*. Rio de Janeiro: Funarte, Pró Memória, MEC, 1976.

RODRIGUES, Nina. *Os Africanos no Brasil.* Revisão e prefácio de Pires, Homero: notas bibliográficas de Salles, Fernando. São Paulo: Ed. Nacional/Univ. de Brasília, 6ª edição, 1982.

SARAIVA, Glaucus. *Mostra de Folclore Infanto-Juvenil.* Catálogo em Prosa e Verso. Rio Grande do Sul: Secretaria de Cultura, Desportos e Turismo, Instituto Gaúcho de Tradição e Folclore, s.d.

SARAIVA, L. *Ensaio de Remodelar um Asilo.* São Paulo: mimeo., nov., 1945. (Relatório do fim de curso apresentado à Escola de Serviço Social).

SCHMIDT, Maria Junqueira. Educar pela Recreação. Rio de Janeiro: Agir, 1969.

SILVA, A.C.P. Serviços Sociais. São Paulo: Oficinas Gráficas do Juqueri, 1937.

SILVA, M.A.S.S., GARCIA, M.A.L. e FERRARI, S.C.M. *Memória e Brincadeiras na Cidade de São Paulo nas Primeiras Décadas do Século XX.* São Paulo: Cortez: CENPEC, 1989.

SOUTO MAIOR, Mário. *Brinquedos e Jogos: contribuição ao Estudo da Lúdica Regional.* Um Depoimento. In: Folclore. nº14, 1989, p. 12-15.

SOUZA, Maria das Graças Umbelino. *"Coisinha", "Anjinho" ou "Diabinho": a Criança aos Olhos do Professor Pré-Escolar.* São Paulo: PUC, 1989 (Dissertação de Mestrado).

VAN DER POEL, Frei Francisco OFM *O Rosário dos Homens Pretos.* Belo Horizonte: Imprensa Oficial, 1981 (edição comemorativa do Centenário da Irmandade de Nossa Senhora do Rosário dos Homens Pretos de Araçuaí M.G.).

VASCONCELOS, Ana Clara. *Folclore Infantil.* Maceió: Comissão Alagoana de Folclore, nº 11, 1987, p. 137-41.

VERÍSSIMO, José. *A Educação Nacional.* Rio de Janeiro: Livraria Francisco Alves, 2ª edição, 1906.

VIANNA, Hildegardes. *O Mindinho.* In: Folclore. Guarujá: nº6, 1981, p. 9.